New

The바른

인도 **Indonesia!**
네시아어

1
STEP

New
The바른
인도네시아어 STEP **1**
Indonesia!

초 판 인 쇄	2017년 07월 01일
초 판 2 쇄	2019년 06월 17일
2 판 1 쇄	2023년 09월 01일

지 은 이	플로리안 후타갈룽(Florian Hutagalung)
펴 낸 이	임승빈
편 집 책 임	정유항, 김하진
편 집 진 행	이승연
디 자 인	다원기획
마 케 팅	염경용, 이동민, 이서빈

펴 낸 곳	ECK북스
주 소	서울시 마포구 창전로2길 27 [04098]
대 표 전 화	02-733-9950
홈 페 이 지	www.eckbooks.kr
이 메 일	eck@eckedu.com
등 록 번 호	제 2020-000303호
등 록 일 자	2000. 2. 15

I S B N	979-11-6877-331-8 (14730)
	978-89-92281-36-2 (세트)
정 가	18,000원

New

The바른

인도 Indonesia! 네시아어

저자 ㅣ 플로리안 후타갈룽(Florian Hutagalung)

ECK Books

머리말

「The 바른 인도네시아어 STEP 1」이 출간된 지 어느새 3년이 되었습니다. '시간은 유수와 같다'는 말을 실감하듯 바쁜 하루하루를 보내며 많은 것을 배우게 되었습니다. 덕분에 3년 전에 나온 「The 바른 인도네시아어 STEP 1」보다 더 효과적으로 학습할 수 있는 「New The 바른 인도네시아어 STEP 1」을 완성할 수 있게 되었습니다.

우선 부족한 제자에게 항상 응원해 주시고 새로운 연구 분야의 문을 열어 주신 스승이자 아버지와 같은 故 김기혁 교수님께 감사의 말씀을 올리고 싶습니다. 국어학 석·박사 학위 논문을 쓰기 위해서는 먼저 인도네시아어를 많이 배워야 한다는 것을 깨닫게 해 주신 덕분에 인도네시아어 문법 교육에 발을 내디딜 수 있게 되었습니다.

외국어 교육 강사의 길에 처음 발을 내디딘 것은 고등학교 때였습니다. 어릴 때부터 독일어를 가르쳐 주신 어머니와 본인의 독일어 수업을 저에게 맡기신 아버지 덕분에 인도네시아인을 대상으로 외국어를 가르치게 되었습니다. 저를 신뢰해주시고 소중한 기회를 주시며, 언어 재능을 물려 주신 부모님께 항상 감사드립니다.

한국에 와서 처음으로 인도네시아어 수업을 진행할 때 한국에 있는 기존의 인도네시아어 교재를 많이 활용해 보았습니다. 그러나 대부분의 교재는 인도네시아 현지의 국어 수업 과정과 비슷하게 구성되어 있어 한국인 학습자들은 인도네시아어를 배우는 데 많은 어려움을 겪었다고 하였습니다. 특히, 인도네시아어를 처음 접하는 학습자에게 인도네시아어의 '접사의 기능과 의미'에 대해 가르친다는 것이 무리가 될 수 있다는 것을 깨닫게 되었습니다.

그래서 좀 더 효과적인 방법으로 실용 인도네시아어를 가르치기 위해 2007년도에 'Langkah Baru' 교재를 처음으로 집필하여 한국국제협력단(KOICA) 봉사자들을 가르쳤고 그 후에도 인도네시아어를 가르치면서 사용해 왔습니다. 2013년에 ECK교육의 임승빈 대표님께서 교육 교재를 제작하시고자 한다고 말씀하실 때, 'Langkah Baru'를 바탕으로 어휘를 한 번에 배우고, 올바른 인도네시아어 문법과 현지인들이 많이 쓰는 표현을 추가 및 보완하여 「The 바른 인도네시아어 STEP 1」을 집필하였습니다.

「New The 바른 인도네시아어 STEP 1」은 기존의 기초·초급 과정인 「The 바른 인도네시아어 STEP 1」과 중급 과정인 「The 바른 인도네시아어 STEP 2」와의 난이도 차이를 자연스럽게 이어줄 수 있는 새로운 커리큘럼을 새로 구성하여 기존의 초급 과정에 없었던 문법과 기초 어휘들을 추가하였습니다.

'금이 안 간 상아가 없다.(Tak ada gading yang tak retak.).'라는 인도네시아의 속담이 있습니다. 모든 사람은 부족한 부분이 있기 마련이라 뜻으로, 이 교재에 부족한 부분이 있더라도 인도네시아어를 공부하는 학습자뿐만 아니라 인도네시아어 강사분들에게도 도움이 되는 유익한 교재가 될 수 있기를 바랍니다.

끝으로 교재 출판의 기회를 주신 ECK교육의 임승빈 대표님과 임직원 여러분께 감사의 말씀을 드립니다. 또한, 교재 편집에 힘써주신 다원기획의 이승연 실장님과 삽화가 강지혜 선생님께도 감사의 말씀을 전해 드리고 싶습니다. 이 교재의 집필 작업을 도와주시고 많은 격려와 의견을 주신 한국관광통역안내사협회(KOTGA) 회장님과 회원들, 제주 관광공사(JTO) 회원들, KOICA 봉사단원 제자들, 녹음 작업을 도와주신 Nining, Susilo, Margaret, Sylvia에게도 감사와 경의를 표하고 싶습니다. 강사로서 그리고 인도네시아인으로서 오히려 제가 여러분에게 더 많이 배웠습니다. 감사합니다.

저자 플로리안 후타갈룽
penulis Florian Hutagalung

이 책의 구성과 특징

[New The 바른 인도네시아어 STEP 1]은 '어휘, 표현과 문법, 회화'와 듣기 연습을 위한 '읽기'를 통하여 초급 단계인 인도네시아어를 보다 더 쉽게 배울 수 있도록 많은 예문과 함께 알기 쉽게 구성했습니다.

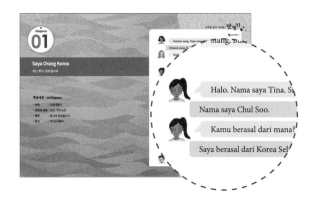

맛보기

- 각 과의 주요 학습 내용을 정리했습니다.
- 본 학습을 시작하기 전에 사전을 이용해서 주요 어휘와 표현을 찾아보며 학습을 할 수 있도록 준비했습니다.

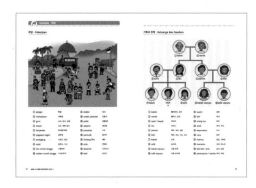

어휘 • Kosakata

- 언어를 배우는 데 필요한 기초 어휘를 한 눈에 볼 수 있도록 정리했습니다.
- 어휘 목록에 있는 단어들을 회화 패턴에 적용하여 연습하면 학습 효과가 향상됩니다.

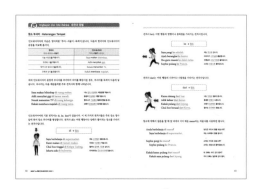

표현과 문법 • Ungkapan dan Tata Bahasa

- 맛보기와 어휘 부분에서 나온 어휘를 적용하여 새로운 표현이나 문법을 완전히 익혀서 사용할 수 있도록 구성했습니다.

회화 · Percakapan

- 상황별의 간단한 인도네시아어 회화입니다. 회화는 CD를 통해 들을 수 있습니다.
- 현지인들이 많이 쓰는 표현들도 포함되어 더 재미 있는 인도네시아어 공부가 됩니다.

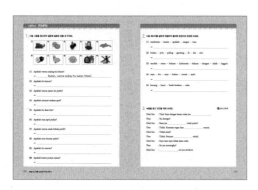

연습문제 · Latihan

- 학습한 문법이나 어휘를 활용해 문장을 완성하거나 작문 연습을 할 수 있습니다.
- CD를 통하여 듣기 연습을 하고 이 연습을 통해 새 로운 표현과 어휘를 배울 수 있습니다.

읽기 · Membaca

- 듣기 연습을 위해 다양한 내용들로 구성했습니다. CD를 통해 반복해서 듣다 보면 자연스럽게 인도네 시아어를 익힐 수 있습니다.

한눈에 인도네시아
· Selayang Pandang Indonesia

- 인도네시아와 인도네시아 사회에 관한 간단한 문화 이야기입니다.
- 문화 이야기 내용을 통해 인도네시아의 이국적인 분위기를 느껴 보세요.

| Contents |

Siti Lestari (48)

Guru Bahasa Indonesia Universitas Jakarta
(guru Chul Soo dan Sophie)

Lee Chul Soo (31)

Karyawan PT Chosun Indonesia
(murid ibu Siti, teman Sophie dan Tina)

Sophie Levebre (21)

Mahasiswa Tingkat 3 Universitas Paris
(murid ibu Siti, teman Chul Soo dan Martono)

Maria Christina (21)

Mahasiswa Program Studi Korea
Universitas Jakarta
(teman Chul Soo)

Dwi Martono (29)

Mahasiswa Pascasarjana Universitas
Jakarta
(teman Sophie)

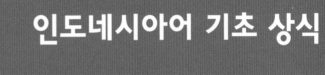

인도네시아어 기초 상식

Ⓐ 인도네시아 Indonesia

인도네시아의 공식 명칭은「인도네시아 공화국(Republik Indonesia)」입니다. 인도네시아의 면적은 1,904,569㎢으로 한국의 19배가 넘고 세계 14위입니다. 인구는 약 255,461,700명이고 세계 4위입니다. 그 많은 인구의 약 41%는 자바(Jawa) 민족이고 그 외에도 무려 300개 이상의 민족들이 있습니다. 또한 인도네시아는 세계에서 섬이 가장 많은 섬나라입니다. 약 13,466개의 섬이 있다고 보고되어있지만 18,000개 이상의 섬이 있다고 추정됩니다. 13,466개의 섬에서 사는 300개 이상의 민족들은 서로 통하지 않는 언어를 사용하고 있습니다. 전 국민들은 공통어인 '인도네시아어'를 사용해야 서로 의사소통이 되고, 공영방송을 포함한 대중 매체들 또한 공통어인 인도네시아어를 사용해야만 전 국민이 즐길 수 있습니다.

Ⓑ 인도네시아어 Bahasa Indonesia

인도네시아어(Bahasa Indonesia)는 말레이어의 한 파인 '말레이 리아우(Melayu Riau)'를 표준화한 언어입니다. 인도네시아어를 모국어로 사용하는 인구가 약 1억 6,300만 명이며, 모국어가 아닌 제2언어로 사용하는 인구까지 포함하면 약 2억 6,800만 명이 됩니다. 그 이유는 대부분의 인도네시아 사람들은 인도네시아어를 사용하지만 가족들 간의 의사소통을 할 때는 거주하고 있는 지역의 민족어를 사용하기 때문입니다. 그러한 이유로 인도네시아 사람들은 최소한 두 가지의 언어를 구사합니다. 1928년「청년의 맹세(SumpahPemuda)」에서 '우리 인도네시아의 자녀는 인도네시아어라는 통일 언어를 기리노라'라는 선언으로 처음 공통어로 인정을 받았습니다. 다양한 나라의 식민 지배를 받던 인도네시아는 1945년 8월 17일 독립했습니다. 그런 이유로 현재의 인도네시아어에는 산스크리트어, 아랍어, 포르투갈어, 네덜란드어, 중국어 등에서 빌려쓰는 어휘들이 포함되어 있습니다.

ⓒ 문자 Huruf

인도네시아어는 오스트로네시아(Austronesia) 어족에 속하며 한국어나 일본어와 같이 교착어 (agglutinative language)입니다. 그러나 인도네시아어는 다른 동남아시아 언어나 교착어에 속하는 언어들과 많이 다릅니다. 우선 인도네시아어는 말레이시아, 브루나이, 싱가포르 등에서 사용되는 말레이어와 비슷하고 의사소통이 가능하지만 같은 언어가 아닙니다. 인도네시아어는 말레이와 필리핀의 타갈로그어와 같이 영어와 같은 알파벳을 사용합니다. 알파벳은 누구나 알고 할 수 있기 때문에 인도네시아어를 배울 때 따로 글자를 배워야 하는 걱정 없이 배울 수 있습니다. 인도네시아어는 영어나 스페인어 등과 같은 서유럽 언어들처럼 로마 문자를 사용하여 표기됩니다. 우리가 알고 있는 영어의 26개 문자를 다 사용하지만 /F/, /Q/, /X/, /V/, /Z/ 등은 주로 외래어 표기에 사용됩니다.

MP3 00-1

문자(Huruf)		음가(Lafal)	이름(Sebutan)	한글음역
A	a	[ɑː]	a	아
B	b	[be]	be	베
C	c	[c], [tʃ], [tɕ]	ce	쩨
D	d	[d]	de	데
E	e	[e], [ɛ], [ə]	e	에
F	f	[f]	ef	에프
G	g	[g]	ge	게
H	h	[h]	ha	하
I	i	[i]	i	이
J	j	[dʒ], [dʑ]	je	제
K	k	[k]	ka	까
L	l	[l]	el	엘
M	m	[m]	em	엠
N	n	[n]	en	엔
O	o	[ɔ], [o]	o	오

P	p	[p]	pe	뻬
Q	q	[q]	ki	끼
R	r	[r]	er	에르
S	s	[s]	es	에스
T	t	[t]	te	떼
U	u	[u]	u	우
V	v	[f]	ve	페
W	w	[w]	we	웨
X	x	[ks], [s]	eks	엑스
Y	y	[j]	ye	예
Z	z	[z]	zet	젯

Ⓓ 발음 Lafal

인도네시아어는 전체적으로 이탈리아어나 스페인어와 같이 발음된다고 할 수 있으나 다음과 같이 발음하면 됩니다.

● 모음 Huruf Hidup / Vokal 🎧 MP3 00-2

/ a /	한국어의 'ㅏ'와 같이 발음합니다.	apa, saya, dada
/ e /	두 가지의 발음을 가지고 있습니다.	
	• 한국어의 'ㅔ'와 같이 발음합니다. • 한국어의 'ㅡ'와 'ㅓ' 중간 발음으로 발음합니다.	meja, desa, nenek kenal, empat, belajar
/ i /	한국어의 'ㅣ'와 같이 발음합니다.	ini, itu, lima
/ o /	한국어의 'ㅗ' 또는 'ㅓ'와 같이 발음합니다.	toko, roti, orang
/ u /	한국어의 'ㅜ'와 같이 발음합니다.	dua, satu, umur

● 자음 Huruf Mati / Konsonan

/b/	한국어의 '밥'의 'ㅂ' 소리와 유사합니다.	bab, buka, baik
/c/	한국어의 '짜다'의 'ㅉ' 소리와 유사합니다.	cuci, coba, cari
/d/	한국어의 '도'의 'ㄷ' 소리와 유사합니다.	duduk, adik, murid
/f/	한국어의 외래어 표기의 'ㅍ' 소리와 유사합니다.	fasih, film, fokus
/g/	한국어의 '간'의 'ㄱ' 소리와 유사합니다.	gua, gali, tiga
/h/	한국어의 '하늘'의 'ㅎ' 소리와 유사합니다.	haus, mahal, murah
/j/	한국어의 '족'의 'ㅈ' 소리와 유사합니다.	jam, juga, janji
/k/	한국어의 '까치'의 'ㄲ' 소리와 유사합니다.	kami, aku, kakak
/l/	한국어의 'ㄹ' 받침의 소리와 유사합니다.	lama, lalu, sambal
/m/	한국어의 '마음'의 'ㅁ' 소리와 유사합니다.	mau, makan, minum
/n/	한국어의 '누나'의 'ㄴ' 소리와 유사합니다.	nama, anak, bulan
/p/	한국어의 '빵'의 'ㅃ' 소리와 유사합니다.	pagi, api, lembap
/q/	한국어의 'ㄲ' 또는 'ㅋ' 소리와 유사합니다.	qari, Alquran
/r/	한국어의 'ㄹ' 소리보다 혀를 더 굴려 발음합니다.	rapi, lari, luar
/s/	한국어의 'ㅅ' 또는 'ㅆ' 소리와 유사합니다.	suka, masuk, haus
/t/	한국어의 '땅'의 'ㄸ' 소리와 유사합니다.	tidak, satai, takut
/v/	위의 /f/와 같이 발음합니다.	vas, oval, via
/w/	영어의 /w/와 같이 발음합니다.	wanita, waktu, lawan
/x/	한국어의 'ㅅ' 또는 'ㅆ' 소리와 유사합니다.	xilofon, xenofobia
/y/	영어의 /y/와 같이 발음합니다.	ya, bayi, bayar
/z/	영어의 /z/와 같이 발음합니다.	zaman, ziarah, zodiak

● 이중모음 Diftong

/ai/	한 음절에 /a/와 /i/를 이어 발음합니다.	pantai, rantai, pandai
/au/	한 음절에 /a/와 /u/를 이어 발음합니다.	pulau, saudara
/oi/	한 음절에 /o/와 /i/를 이어 발음합니다.	amboi, sepoi-sepoi

/ kh /	한국어의 'ㅎ'과 'ㅋ'의 중간 소리입니다.	khusus, makhluk, akhlak
/ ng /	한국어의 'ㅇ' 받침 소리와 유사합니다.	siang, tangga, bunga
/ ny /	한 음절에 /n/와 /y/를 이어 발음합니다. 스페인어의 /ñ/의 발음과 같습니다.	banyak, nyamuk, nyanyi
/ sy /	한 음절에 /s/와 /y/를 이어 발음합니다.	syair, syukur, khusyuk

🄴 성조 Intonasi

간단하게 말하자면 인도네시아어는 성조가 없습니다. 중국어나 베트남어, 태국어, 라오스어 처럼 같은 음운을 발음할 때 음이 올라가거나 내려가거나, 올리다가 내려가거나 등에 따라서 뜻이 달라지지는 않습니다. 인도네시아어에서의 intonasi는 성조보다는 억양의 뜻을 말합니다. 그러나 인도네시아어의 낱말은 억양에 따라 뜻이 달라지지 않습니다.

🄵 시제 Kala

흥미롭게도 인도네시아어는 시제가 없습니다. '나는 먹습니다', '나는 먹었습니다', '나는 먹을 겁니다'라고 할 때 인도네시아어로 동일하게 'saya makan'이라고 합니다. 대화의 문맥상으로 사건 또는 상태가 언제 일어났는지 판단됩니다. 또한 군이 말해야 된다면 '어제', '이따가', '나중에', '예전에' 등과 같은 시간 부사어를 붙이면 됩니다.

🄶 어순 Susunan Kalimat

인도네시아어와 한국어 어순의 가장 기본적이고 큰 차이는 바로 서술어의 위치입니다. 인도네시아어의 어순은 영어와 같이 「주어–서술어–목적어」입니다. 그러므로 '나는 밥을 먹습니다.'가 아니라 '난 먹습니다. 밥을'의 어순으로 써야 합니다. 또한 부사어가 있는 경우 기본적으로 부사어가 맨 뒤에 위치합니다. 그러나 경우에 따라 부사어는 문장 가장 앞 자리에 올 수 있고, 문장 한 가운데에 들어갈 수 도 있습니다.

Saya	makan	nasi.		나는 밥을 먹습니다.
주어	서술어	목적어		

Saya	makan	nasi	di dapur.	나는 부엌에서 밥을 먹습니다.
주어	서술어	목적어	부사어	

Ⓗ 대문자 및 소문자 Huruf Besar dan Huruf Kecil

인도네시아어에서는 대문자와 소문자를 함께 사용하는데, 대·소문자의 위치와 상황에 따른 올바른 쓰임에 대해 알아 보겠습니다.

(1) 문장의 첫 문자는 대문자로 씁니다.

Saya orang Korea.   저는 한국사람입니다.

Ini buku ibu.   이것은 어머니의 책입니다.

(2) '사람의 성, 이름, 요일, 월' 등과 같은 이름들은 항상 대문자로 쓰지만, 음식의 이름은 소문자로 써야 합니다.
(92p. 참조)

Nama saya Lee Chul Soo.   제 이름은 이철수입니다.

Hari ini hari Senin.   오늘은 월요일입니다.

Bulan depan bulan Februari.   다음 달은 2월입니다.

Saya suka piza.   나는 피자를 좋아합니다.
　　　　소문자

(3) 대화의 상대를 높인다는 표시로 2인칭 대명사를 대문자로 씁니다. (20-21p. 참조)

Siapa nama Anda?   당신의 이름은 무엇입니까?

Selamat pagi, Bapak Andi.   안디 씨, 좋은 아침입니다.

Terima kasih, Bu.   선생님, 감사합니다.

(4) 약자는 대문자로 씁니다.

SD → Sekolah Dasar   초등학교

PT → Perusahaan Terbatas   주식회사

01

Saya Orang Korea

저는 한국 사람입니다

학습내용: Isi Pelajaran

- 어휘   : 인칭대명사
- 표현과 문법 : 인사, 자기소개
- 회화   : 만나서 반갑습니다
- 읽기   : 자기소개하기

MP3 **01-1**

Selamat siang. Siapa nama kalian?

Selamat siang, Bu. Nama saya Chul Soo.

Siang, Bu. Nama saya Sophie.

MP3 **01-2**

Halo. Nama saya Tina. Siapa nama kamu?

Nama saya Chul Soo.

Kamu berasal dari mana?

Saya berasal dari Korea Selatan.

MP3 **01-3**

Halo, apa kabar?

Baik. Dan kamu?

Kabar baik. Terima kasih.

Sama-sama.

MP3 **01-4**

Sophie, kamu tinggal di mana?

Saya tinggal di indekos di Margonda. Kamu?

Saya tinggal di Kelapa Gading.

인칭대명사

인도네시아에는 300개 이상의 민족이 있으며 700개 이상의 민족어가 있습니다. 그 영향을 받아 인도네시아 사람들은 다양한 인칭대명사를 사용하고 있습니다. 그러나 표준 인도네시아어는 다음과 같은 인칭대명사를 사용합니다. 표준어를 사용하는 수도인 자카르타와 그 주변의 지역에서는 아래와 같은 인칭대명사를 사용하지만 다른 지역에서는 민족어의 영향을 받아 다르게 쓰거나 완전히 다른 인칭대명사를 사용합니다.

	1인칭	2인칭	3인칭
단수	saya 저/나 aku 나	Anda 당신 Bapak 씨(남) Ibu 씨(여) kamu 너	beliau 그 분 bapak 씨(남) ibu 씨(여) dia 그/그녀
복수	kami 우리 (청자 제외) kita 우리 (청자 포함)	Anda sekalian 당신들 kalian 너희들	beliau sekalian 그분들 mereka 그들

높임의 표현이 없는 인도네시아어에서는 1인칭대명사로 주로 saya가 많이 사용됩니다. aku는 주로 가족, 식구, 같은 부서에 일하는 동료 또는 연인끼리 이야기할 때 쓰입니다. 인도네시아어는 두 가지의 '우리'의 뜻을 나타내는 대명사를 가지고 있습니다. 말하는 상대방을 포함시키는 경우 kita를 사용하고, 포함시키지 않는 경우에는 kami를 사용합니다.

초면인 상대방에게 높여 부르기 위해 '당신' 또는 '선생님'을 뜻하는 Anda를 사용합니다. 그러나 bapak과 ibu는 2인칭으로 쓰일 때 Anda와 같이 높임의 표시를 보여주기 위해 항상 대문자로 적습니다.

반면에 bapak과 ibu는 3인칭으로 쓰일 때 소문자로 써야 합니다. 예를 들면 철수 씨에게 직접 편지를 쓸 때 'Bapak Chul Soo'라고 써야 하고, 철수 씨에 대해 다른 사람과 이야기할 때 'bapak Chul Soo'이라고 쓰는 것이 맞습니다.

Anda는 초면일 때만 쓰이고 자주 보는 사람을 부를 때는 주로 'Bapak ~' 또는 'Ibu ~'라고 합니다. 친한 사람을 kamu라고 부르는데 친한 동료나 친구와 이야기할 때는 saya와 kamu를 많이 씁니다.

인사 · Salam

인도네시아어는 영어처럼 시간에 따라서 인사말이 다릅니다. 인사할 때 주로 selamat, 즉 '안녕하다'라는 단어를 함께 씁니다. 구어체에서는 친하거나 자주 만나는 사람에게 인사를 할 때는 selamat을 생략해도 됩니다.

selamat (안녕하다)	+	pagi	(아침)	=	Selamat pagi.	(아침 인사)
	+	siang	(낮)	=	Selamat siang.	(낮 인사)
	+	sore	(오후)	=	Selamat sore.	(오후 인사)
	+	malam	(저녁)	=	Selamat malam.	(저녁 인사)

위의 인사를 한 후에 서로 안부를 묻는 것이 보통입니다.

Apa kabar?	어떻게 지내세요?	➡	Kabar baik. 좋아요.
			= Baik.
			Baik-baik saja. 그냥 좋아요.

그 외에 인도네시아에서 감사하다는 표현과 미안하다는 표현은 아주 중요합니다. 사소한 일과 친한 사람일수록 "고맙다, 미안하다"의 인사 표현을 자주 해야 합니다.

Terima kasih.	고마워요.	➡	Kembali. 천만에요.
			= Terima kasih kembali.
			Sama-sama. 저도요.

Maaf.	미안해요. / 죄송해요.	➡	Tidak apa-apa.
Maafkan saya.	용서해 주세요.		괜찮아요. / 아무것도 아니에요.
= Mohon maaf.			

그리고 헤어질 때는 다음과 같은 인사를 하면 됩니다.

Selamat jalan.	안녕히 가세요.	Selamat tinggal.	안녕히 계세요.
Sampai jumpa lagi.	또 만나요.	Dah.	안녕. / 잘 가요.
= Sampai bertemu lagi.		Sampai besok.	내일 봐요.
Sampai nanti.	나중에 봐요.		

자기소개 · Perkenalan

인도네시아 사람들은 궁금증이 많아 처음 만난 사람에게 다음과 같은 질문과 대화를 많이 합니다. 그 질문에 대한 대답도 함께 배워 보세요.

A : Siapa nama Anda?　　　　　　　　당신 이름이 무엇이에요?

B : Nama saya Chul Soo.　　　　　　제 이름은 철수예요.

A : Anda berasal dari mana?　　　　당신은 어디서 왔어요?

B : Saya berasal dari Korea.　　　　저는 한국에서 왔어요.

A : Anda tinggal di mana?　　　　　당신은 어디에 살아요?

B : Saya tinggal di Kelapa Gading.　　저는 끌라빠 가딩에 살아요.

A : Anda bekerja di mana?　　　　　당신은 어디서 일해요?

B : Saya bekerja di PT Chosun Indonesia.　　저는 조선 인도네시아 주식회사에서 일해요.

A : Anda kuliah di mana?　　　　　당신은 어느 대학교를 다니나요?

B : Saya kuliah di Universitas Jakarta.　　저는 자카르타 대학교를 다녀요.

A : Senang berkenalan dengan Anda.　　당신을 만나 뵙게 되어 기뻐요./만나서 반가워요.

B : Sama-sama. / Saya juga.　　　　저도요.

Senang Berkenalan dengan Kalian

Siti	Selamat siang. Nama saya Siti.
	Saya guru bahasa Indonesia kalian.
Chul Soo	Nama saya Chul Soo. Saya orang Korea.
Sophie	Nama saya Sophie dari Prancis.
Siti	Kalian tinggal di mana?
Chul Soo	Saya tinggal di Kelapa Gading.
Sophie	Saya tinggal di indekos di Margonda.
Siti	Kalian bekerja di mana?
Chul Soo	Saya bekerja di PT Chosun Indonesia.
Sophie	Saya mahasiswa pertukaran dari Prancis.
Siti	Senang berkenalan dengan kalian.
Chul Soo	Sama-sama, Bu.
Sophie	Saya juga.

만나서 반갑습니다

시띠	안녕하세요. 제 이름은 시띠예요.
	저는 여러분의 인도네시아어 선생님이에요.
철수	제 이름은 철수예요. 저는 한국인이에요.
소피	제 이름은 소피이고 프랑스에서 왔어요.
시띠	여러분들은 어디에 살아요?
철수	저는 끌라빠 가딩에 살아요.
소피	저는 마르곤다에서 자취를 하고 있습니다.
시띠	여러분들은 어디에서 일하고 있나요?
철수	저는 조선 인도네시아 주식회사에서 일해요.
소피	저는 파리 대학교 교환학생이에요.
시띠	만나서 반가워요.
철수	저도요, 선생님.
소피	저도요.

새 단어 · Kosakata Baru

Anda	당신 (2인칭 존칭)	kalian	너희들
apa	무엇	mahasiswa	대학생
bahasa	언어	nama	이름
bekerja	일하다	pertukaran	교환
berkenalan	알게 되다	PT	주식회사
dari	~로부터, ~에서	sama-sama	(저도) 그렇다
dengan	~와 (함께)	saya	저, 나 (1인칭)
di	~에, ~에서	senang	기쁘다
guru	선생님	siapa	누구
indekos	자취집, 하숙집	tinggal	살다, 거주하다
juga	역시	universitas	대학교

1. 다음 그림의 프로필을 참고하여 친구의 자기소개서를 인도네시아어로 써 보세요.

Nama   : **Budi Susanto**
Asal   : Solo
Tinggal : Jakarta
Kuliah : Universitas Jakarta

Selamat siang.

Nama saya _____

Saya berasal _____

Saya tinggal _____

Saya kuliah _____

Senang berkenalan dengan Anda.

Nama   : **Naomi Smith**
Asal   : Amerika
Tinggal : Menteng, Jakarta
Kerja   : PT Chosun Indonesia

_____

_____

_____

_____

_____

_____

Nama   : **Lidya Seran**
Asal   : Flores
Tinggal : Jakarta
Kuliah : Program Studi Jepang
          Universitas Jakarta

_____

_____

_____

_____

_____

_____

2. 자신의 자기소개서를 적어 보세요.

_____

_____

_____

_____

_____

_____

3. 녹음을 듣고 빈칸을 채워 보세요.   🎧 MP3 **01-6**

Sophie   : Halo. Selamat siang.

Martono   : Selamat siang.

Sophie   : _____ nama _____ ?

Martono   : Nama saya Martono. Dan _____ ?

Sophie   : Saya Sophie.

Martono   : Kamu berasal _____ _____ ?

Sophie   : Saya berasal dari Prancis.

Martono   : Senang berkenalan _____ kamu.

Sophie   : Saya _____ . Terima kasih.

Martono   : _____ .

다음 글을 읽어 보세요.

 MP3 **01-7**

Selamat siang.
Nama saya Maria Christina.
Saya berasal dan tinggal di Jakarta.
Saya kuliah di Program Studi Korea Universitas
Jakarta.
Senang berkenalan dengan Bapak-Bapak dan Ibu-Ibu.

 MP3 **01-8**

Halo. Apa kabar?
Nama saya Dwi Martono.
Panggil saya Martono.
Saya kuliah di Universitas Jakarta.
Senang berkenalan dengan teman-teman sekalian.

 MP3 **01-9**

Selamat siang.
Nama saya Siti Lestari
Saya berasal dari Yogyakarta.
Saya mengajar di Universitas Jakarta.
Senang berkenalan dengan Anda sekalian.

단어 **bapak-bapak** 여러분 (남)　　**halo** 안녕!　　**ibu-ibu** 여러분 (여)　　**mengajar** 가르치다　　**panggil** 불러라 (부르다)
program studi 학과　　**sekalian** 모두, 전체　　**teman** 친구

인도네시아 사람들의 인사

인도네시아 사람들은 어떻게 인사를 할까요? 앞서 배운 것처럼 인도네시아어는 시간에 따라 인사말이 다릅니다. 그렇다면 인사할 때 어떤 행동을 해야 할까요? 한국이나 일본에서는 주로 고개를 숙이거나 허리를 굽히면서 인사하는 반면, 인도네시아 사람들은 주로 악수를 하면서 인사를 합니다. 특히 처음 만나는 경우 오른손을 내밀며 "Selamat siang. Apa kabar?"라고 인사하는 것이 보통입니다.

최대 명절인 '이드 알피트르(Idul Fitri) 명절'과 전통 결혼식장에서 많은 사람들은 서로에게 축하 인사를 전하게 됩니다. 전통 결혼식에서의 하객들은 신랑·신부와 양가 부모님에게 축하인사를 전하기 위해 결혼식 상단으로 올라가 인사를 전합니다. 이때 두 손을 합장하듯이 모으면 상대방이 손가락 끝부분을 감싸듯이 마주잡으며 합장하는 방식으로 악수하는 것이 보통입니다. 친구끼리 또는 자주 보는 동료와 식구에게 인사를 할 때는 악수 없이 고개를 살짝 끄덕이며 "Selamat pagi"라고 하면 됩니다.

친구 또는 자주 보는 사람끼리 "halo" 또는 "hai"라고 인사해도 괜찮습니다. 요즘 젊은 사람들은 안 그렇지만 어르신들 중에 "식사했니?(Sudah makan?)" 또는 "목욕했니?(Sudah mandi?)"라고 묻는 경우도 있습니다. 이러한 경우 쉽게 "ya"라고 대답하면 됩니다. 이 인사법은 "Apa kabar?"와 다름이 없습니다.

Pelajaran

02

Apa Itu?

그것이 무엇입니까?

학습내용: Isi Pelajaran

- 어휘 : 교실 안에서, 나라
- 표현과 문법 : 수식 받는 말(명사) + 수식하는 말, 지시사
- 회화 : 이것은 영어 책입니다
- 읽기 : 친구를 소개하기

MP3 **02-1**

Buku itu buku apa?

Buku ini buku bahasa Korea.

MP3 **02-2**

Tas itu tas siapa?

Tas ini tas saya.

MP3 **02-3**

Orang itu orang apa?

Dia orang Italia.

MP3 **02-4**

Orang itu siapa?

Dia teman Chul Soo. Namanya Naomi.

교실 안에서 · Di Dalam Kelas

① buku	책		⑪ penggaris	자	
② bolpoin	볼펜		⑫ tempat pensil	연필통	
③ pensil	연필		⑬ tempat sampah	쓰레기통	
④ penghapus	지우개		⑭ buku tulis	공책	
⑤ spidol	보드마카		⑮ agenda	다이어리	
⑥ pintu	문		⑯ komputer	컴퓨터	
⑦ jendela	창문		⑰ papan tulis	칠판	
⑧ rak buku	책꽂이/책장		⑱ lampu	등불/전구	
⑨ meja	책상		⑲ AC	에어컨	
⑩ kursi	의자		⑳ kipas angin	선풍기	

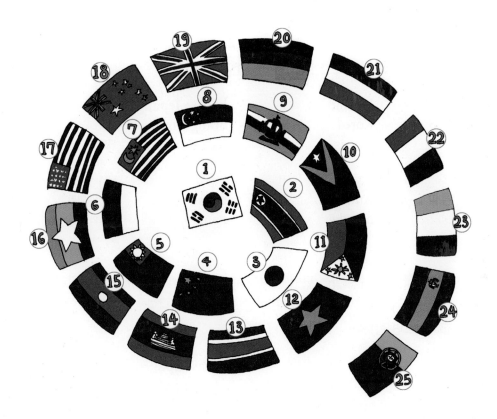

① Korea Selatan	대한민국	⑭ Kamboja	캄보디아
② Korea Utara	북한	⑮ Laos	라오스
③ Jepang	일본	⑯ Myanmar	미얀마
④ Tiongkok	중국	⑰ Amerika	미국
⑤ Taiwan	대만	⑱ Australia	호주
⑥ Indonesia	인도네시아	⑲ Inggris	영국
⑦ Malaysia	말레이시아	⑳ Jerman	독일
⑧ Singapura	싱가포르	㉑ Belanda	네덜란드
⑨ Brunei	브루나이	㉒ Prancis	프랑스
⑩ Timor Leste	동티모르	㉓ Italia	이탈리아
⑪ Filipina	필리핀	㉔ Spanyol	스페인
⑫ Vietnam	베트남	㉕ Portugal	포르투갈
⑬ Thailand	태국		

수식 받는 말(명사) + 수식하는 말 · DM [Diterangkan + Menerangkan]

인도네시아어의 명사구의 어순은 한국어와 다릅니다. 수식해 주는 단어는 수식을 받는 단어 뒤에 옵니다. 영어는 영국의 언어이기 때문에 Inggris bahasa가 아니라 bahasa Inggris이라고 해야 합니다. 이 어순은 역시 소유의 의미를 나타내기도 합니다.

bahasa	언어	+	Jepang	일본	=	bahasa **Jepang**	일본어
orang	사람	+	Korea	한국	=	orang **Korea**	한국인
hari	날	+	Kamis	목요일	=	hari **Kamis**	목요일
buku	책	+	saya	나/저	=	buku saya	나의 책
pensil	연필	+	Anda	당신	=	pensil Anda	당신의 연필
nama	이름	+	mereka	그들	=	nama mereka	그들의 이름

'어떠한 것'에 대해 물을 때 수식하는 단어 자리에 apa를 넣으면 됩니다. apa는 원래 '무엇'이란 의문사이지만 명사 뒤에 오면 '무슨' 또는 '어떤'이란 뜻을 나타냅니다. 또한 '누구의 것'이냐고 물을 때 의문사 siapa를 쓰면 됩니다.

bahasa	언어	+	apa	무엇	=	bahasa **apa?**	무슨 언어?
orang	사람	+	apa	무엇	=	orang **apa?**	어느(나라) 사람?
hari	날	+	apa	무엇	=	hari **apa?**	무슨 요일?
buku	책	+	siapa	누구	=	buku siapa?	누구의 책?
pensil	연필	+	siapa	누구	=	pensil siapa?	누구의 연필?
nama	이름	+	siapa	누구	=	nama siapa?	누구의 이름?

 Tip

1967년부터 중국은 'Cina'라고 표현했습니다. 그러나 'Cina'라는 말은 인도네시아에서 인종차별의 문제가 될 수 있어 2014년부터 중국이란 국가를 칭할 때 'Tiongkok(中國)'이라고 하기로 했습니다. 한편, 중국과 관련된 문화 또는 언어와 대상이 사람인 경우에는 'Tionghoa(中華)'라고 합니다. 하지만 Tiongkok과 Tionghoa라는 용어는 다음과 같이 다르게 쓰입니다.

orang Tionghoa	화교, 중국계	orang Tiongkok	중화인민공화국 사람
kebudayaan Tionghoa	중화 문화	kebudayaan Tiongkok	중화인민공화국 문화
sejarah Tionghoa	(X)	sejarah Tiongkok	중화인민공화국 역사
bahasa Tionghoa	중국어	bahasa Tiongkok	(X)
masakan Tionghoa	중화 요리	masakan Tiongkok	(X)

지시사 · Kata Tunjuk

인도네시아어의 지시사는 한국어와 달리 두 개밖에 없습니다. ini는 화자 가까이에 있는 것을 가리킬 때 쓰이고, itu는 화자에서 떨어져 있는 것을 가리키는 것입니다. ini와 itu는 대명사로 쓰면 문장 맨 앞, 즉 주어의 자리에 옵니다.

Ini buku bahasa Indonesia.
이것은 인도네시아어 책입니다.

Itu buku bahasa Inggris.
저것은 영어 책입니다.

앞에서 배운 내용과 같이 ini와 itu는 명사를 수식할 경우 명사 뒤에 옵니다.

Buku **ini** buku bahasa Indonesia.	이 책은 인도네시아어 책입니다.
Penghapus **ini** penghapus pensil.	이 지우개는 연필 지우개입니다.
Pensil **ini** pensil saya.	이 연필은 내 연필입니다.
Bolpoin **ini** bolpoin saya.	이 볼펜은 내 볼펜입니다.
Buku **itu** buku bahasa Inggris.	저 책은 영어 책입니다.
Penghapus **itu** penghapus papan tulis.	그 지우개는 칠판 지우개입니다.
Ibu **itu** orang Amerika.	저 여자는 미국인입니다.
Bapak **itu** orang Korea.	그분은 한국인입니다.

질문을 할 경우 앞에서 배운 것처럼 누구의 소유를 물어보는 경우 siapa를 '무슨' 또는 '어떤 것이냐'고 물어보는 경우 apa를 사용하면 됩니다.

A : Buku itu buku **apa**?	그 책은 무슨 책이에요?
B : Buku ini buku **bahasa Jerman**.	이 책은 독일어 책이에요.
A : Buku itu buku **siapa**?	그 책은 누구의 책이에요?
B : Buku ini buku **saya**.	이 책은 나의 책이에요.

Ini Buku Bahasa Inggris

Chul Soo	Siang, Tina! Apa kabar?
Tina	Halo, Chul Soo! Kabar baik. Dan kamu?
Chul Soo	Baik-baik saja. Terima kasih.
Tina	Sama-sama.
Chul Soo	Apa itu?
Tina	Ini buku bahasa Inggris.
Chul Soo	Buku itu buku siapa?
Tina	Buku ini buku saya.
Chul Soo	Kamu belajar bahasa Inggris?
Tina	Ya, saya belajar bahasa Inggris.
Chul Soo	Wah, hebat!
Tina	Terima kasih.

이것은 영어 책입니다

철수	안녕, 띠나! 잘 지내?
띠나	안녕, 철수! 잘 지내. 너는?
철수	잘 지내고 있어. 고마워.
띠나	응.
철수	그게 뭐야?
띠나	이것은 영어 책이야.
철수	저 책은 누구의 책이야?
띠나	이 책은 내 책이야.
철수	너는 영어를 배워?
띠나	응, 나는 영어를 배워.
철수	우와, 대단해!
띠나	고마워.

새 단어 • Kosakata Baru

belajar	배우다, 공부하다	hebat	대단하다
dan	그리고, 및, 또한, ～하고, ～와/과	wah	와!, 우와! (감탄사)

37

1. 다음 그림을 참고하여 한국어 문장을 인도네시아어로 써 보세요.

kamus   tas   sepatu   rumah   uang

telepon   jam   baju   mobil   dompet

(1) 이 돈은 당신의 돈입니다.   Uang ini uang Anda.

(2) 그 시계는 그녀의 시계입니다.

(3) 저 자동차는 저분의 자동차입니다.

(4) 저 집은 우리의 집입니다.

(5) 이 가방은 당신의 가방입니다.

(6) 저 지갑은 저분의 지갑입니다.

(7) 이 전화는 나의 전화입니다.

(8) 그 사전은 그들의 사전입니다.

(9) 저 운동화는 너희들의 운동화입니다.

(10) 이 옷은 그녀의 옷입니다.

2. 다음 제시어를 알맞게 배열하여 올바른 문장으로 완성해 보세요.

(1) apa – orang – orang – itu

   → _____

(2) lampu – lampu – LED – ini

   → _____

(3) bahasa – itu – buku – buku – Korea

   → _____

(4) itu – teman – orang – saya

   → _____

(5) kursi – kursi – ini – Jepang – dari

   → _____

3. 녹음을 듣고 빈칸을 채워 보세요.   🔘 MP3 02-6

Tina   : _____, Chul Soo.

Chul Soo : Eh, Tina. _____ _____ .

Tina   : Apa itu?

Chul Soo : Oh, _____ es jus.

Tina   : Es jus itu es jus _____?

Chul Soo : Ini es jus _____.

Tina   : Kamu suka _____?

Chul Soo : Ya, saya suka _____.

Tina   : Wah, hebat!

Chul Soo : Ah, bisa saja kamu ini.

다음 글을 읽어 보세요.

 MP3 **02-7**

Selamat siang.
Perkenalkan, ini teman saya.
Nama teman saya Naomi.
Dia tinggal di Menteng.
Dia bekerja dengan saya di PT Chosun Indonesia.

 MP3 **02-8**

Halo, semuanya!
Perkenalkan, ini teman sekelas saya.
Dia berasal dari Italia dan sekarang tinggal di Depok.
Namanya Luigi.
Luigi belajar bahasa Indonesia dengan Chul Soo dan saya.

MP3 **02-9**

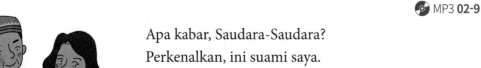

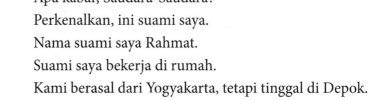

Apa kabar, Saudara-Saudara?
Perkenalkan, ini suami saya.
Nama suami saya Rahmat.
Suami saya bekerja di rumah.
Kami berasal dari Yogyakarta, tetapi tinggal di Depok.

 ~nya 그의, 그녀의 (3인칭 소유)　perkenalkan 소개할게요/소개하겠습니다　rumah 집　saudara 형제, 친척
saudara-saudara 여러분 (남/여)　sekarang 지금, 현재　sekelas 같은 반　semuanya 다, 다들, 여러분　suami 남편
tetapi 그러나, 하지만

소개하는 방법

인도네시아어로 자기소개 또는 친구를 다른 사람에게 소개해 줄 때 보통 perkenalkan이란 말을 씁니다. Perkenalkan은 간단히 '소개하겠습니다' 또는 '소개할게요'라는 뜻을 합니다. 주의할 점은 친구를 소개해 주는 경우 친구를 집게손가락으로 가리키면 안 됩니다. 인도네시아에서 사람을 집게손가락으로 가리키는 것은 실례입니다. 사람을 굳이 가리켜야 할 경우 오른 손바닥을 위로 향하게 하여 손가락 끝으로 그 사람을 가리키는 것이 가장 좋습니다.

1과에서 배운 내용처럼 3인칭 대명사는 dia지만 다른 사람을 소개해 줄 때 지시사 ini와 itu를 사용할 수 있습니다. 이때는 ini와 itu는 '이것'이나 '저것'보다 '이쪽은' 또는 '저쪽은'이라고 해석하는 것이 좋습니다.

한국에서는 새로운 사람을 만날 때 나이를 물어보는 것은 보통이지만 인도네시아에서는 나이를 묻지 않습니다. 특히 여자에게는 절대 나이에 대해 물어보면 안 됩니다. 그 대신 학교에 다니고 있는지(Anda masih kuliah?) 또는 결혼했는지(Anda sudah menikah?/Anda sudah berkeluarga?) 등을 종종 물어봅니다.

Dia Adalah Teman Saya

그는 제 친구입니다

학습내용: Isi Pelajaran
....

- 어휘 : 직업, 가족과 친척
- 표현과 문법 : 호칭, adalah 동사, 접속사 dan
- 회화 : 오랜만입니다
- 읽기 : 우리 가족

MP3 **03-1**

Siapa dia?

Ini adalah istri saya, Susi.

MP3 **03-2**

Siapa laki-laki itu?

Dia adalah teman saya, Chul Soo dari Korea.

MP3 **03-3**

Apa pekerjaan ibu kamu, Martono?

Ibu saya adalah seorang ibu rumah tangga.

MP3 **03-4**

Apa pekerjaan Anda, Pak?

Saya adalah seorang pelukis.

직업 · Pekerjaan

① pelajar	학생	⑪ dokter	의사
② mahasiswa	대학생	⑫ suster, perawat	간호사
③ guru	교사, 강사, 선생	⑬ polisi	경찰(관)
④ dosen	교수, 대학 강사	⑭ satpam	경비원
⑤ karyawan	회사원/직원	⑮ penyanyi	가수
⑥ pegawai negeri	공무원	⑯ pemusik	음악가
⑦ pedagang	사업가, 상인	⑰ bintang film	배우
⑧ sopir	운전수, 기사	⑱ artis	연예인
⑨ ibu rumah tangga	가정주부	⑲ desainer	디자이너
⑩ asisten rumah tangga	가사도우미	⑳ koki	요리사

가족과 친척 · Keluarga dan Saudara

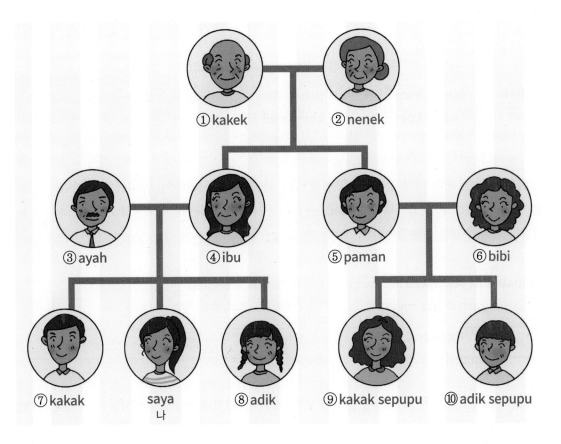

① kakek ② nenek
③ ayah ④ ibu ⑤ paman ⑥ bibi
⑦ kakak   saya 나   ⑧ adik   ⑨ kakak sepupu   ⑩ adik sepupu

① kakek	할아버지, 조부	⑪ suami	남편
② nenek	할머니, 조모	⑫ istri	아내
③ ayah / bapak	아버지	⑬ orang tua	부모
④ ibu	어머니	⑭ anak	아이, 자식
⑤ paman	백부, 숙부, 삼촌	⑮ keponakan	조카
⑥ bibi	백모, 숙모, 이모, 고모	⑯ cucu	손주
⑦ kakak	손위	⑰ mertua	장인, 시부모
⑧ adik	손아래	⑱ menantu	사위, 며느리
⑨ kakak sepupu	사촌 손위	⑲ laki-laki / pria	남자, 남성
⑩ adik sepupu	사촌 손아래	⑳ perempuan / wanita	여자, 여성

호칭 · Panggilan

인도네시아어는 한국어와 달리 사람을 직업이나 직책으로 부르지 않습니다. 간단하게 bapak과 ibu를 사용하여 부르면 됩니다.

김 교수님	bapak Kim	(○)	dosen Kim	(X)
이 대리	bapak Lee	(○)	karyawan Lee	(X)
시띠 선생님	ibu Siti	(○)	guru Siti	(X)

bapak은 원래 '아버지'의 뜻을 가지지만 모르는 남자 또는 상대방이 남성인 경우 '~씨' 또는 '~선생님'이란 뜻으로 사용합니다. ibu도 역시 원래 '어머니'의 뜻을 가지지만 모르는 여자 또는 상대방이 여성인 경우 사용합니다.

Bapak saya bekerja di Samsung.	우리 아버지는 삼성에서 일합니다.
Bapak Smith orang Inggris.	스미스 씨는 영국인입니다.
Ibu saya orang Korea.	우리 어머니는 한국인입니다.
Ibu Ani tinggal di Seoul.	아니 부인은 서울에 삽니다.

laki-laki와 perempuan은 성별을 구분하기 위해 쓰는데, 인도네시아에서는 성별을 굳이 밝힐 필요가 없습니다.

kakak laki-laki	오빠/형	kakak perempuan	언니/누나
adik laki-laki	남동생	adik perempuan	여동생
anak laki-laki	남자 아이/아들	anak perempuan	여자 아이/딸

'저 남자' 또는 '저 여자'라고 말할 때 pria와 wanita를 쓰는 것이 좋습니다. 남자를 가리킬 때는 laki-laki 표현을 써도 좋지만 여자를 가리킬 때 perempuan 표현은 뉘앙스가 좋지 않으므로 주의해야 합니다.

Laki-laki itu teman saya.	저 남자는 제 친구입니다.
Pria itu orang Indonesia.	저 남자는 인도네시아인입니다.
Wanita itu ibu saya.	저 여성 분은 우리 어머니입니다.
Perempuan itu teman saya.	그녀는 제 친구입니다. (※)

adalah 동사

adalah는 영어의 to be, 즉 한국어의 서술격 조사 '~이다'의 역할을 하는 동사입니다. 구어체에서는 많이 생략되지만 명사구와 명사구 사이에서 주어와 서술어를 구분하기 위해서 씁니다.

Saya adalah orang Korea.	Saya orang Korea.	저는 한국인입니다.
Adik saya adalah laki-laki.	Adik saya laki-laki.	내 동생은 남자입니다.
Orang itu adalah seorang wanita.	Orang itu seorang wanita.	그 사람은 여자입니다.

Ayah ibu saya adalah kakek.	우리 어머니의 아버지는 할아버지입니다.
Istri paman saya adalah bibi.	우리 외삼촌의 부인은 외숙모입니다.

본인 신분 또는 직업을 말할 때 부정관사의 역할을 하는 seorang이란 말과 함께 쓰는 것도 좋습니다.

Apa pekerjaan Anda?	당신의 직업은 무엇입니까?
Saya adalah seorang guru bahasa Indonesia.	저는 인도네시아어 강사입니다.
Apa pekerjaan ayah Anda?	당신 아버지의 직업은 무엇입니까?
Ayah saya adalah seorang dosen.	우리 아버지는 교수입니다.

접속사 dan

한 단어를 다른 단어와 또는 한 절을 다른 절과 접속시킬 때 접속사 dan을 사용합니다. 두 개의 단어 또는 절을 접속시킬 때 쉼표 없이 쓰지만, 세 개 이상의 단어나 절을 접속시킬 때는 마지막 순서에 나오는 단어 또는 절 전에 dan을 넣고 그전에 쉼표를 찍습니다.

Ayah dan ibu saya adalah orang tua saya.	우리 아버지와 어머니는 우리 부모님입니다.
Kakak dan adik saya adalah saudara saya.	나의 오빠와 동생은 나의 형제입니다.

쉼표

Anak orang tua saya adalah kakak, adik, dan saya.	우리 부모님의 자녀는 오빠와 동생과 나입니다.
Murid ibu Siti adalah Chul Soo, Sophie, dan Luigi.	시띠 선생님의 제자는 철수와 소피와 루이기입니다.

Sudah Lama Tidak Bertemu

Sophie   Wah, Martono! Sudah lama tidak bertemu.

Martono   Iya. Omong-omong, siapa dia?

Sophie   Dia adalah teman saya. Namanya Chul Soo.

Martono   Halo. Nama saya Martono.

           Senang berkenalan dengan kamu.

Chul Soo   Saya juga. Nama saya Chul Soo.

           Saya berasal dari Korea.

Martono   Wah! Kakak saya tinggal di Korea.

Chul Soo   Oh, ya? Di mana?

Martono   Di Busan.

Sophie   Chul Soo juga orang Busan.

Chul Soo   Ya, saya berasal dari Busan.

Martono   Kebetulan, ya.

오랜만입니다

소피	와, 마르토노! 오랜만이야.
마르토노	그래. 그나저나, 그는 누구야?
소피	그는 내 친구야. 그의 이름은 철수야.
마르토노	안녕하세요. 제 이름은 마르토노예요.
	만나서 반가워요.
철수	저도요. 제 이름은 철수예요.
	저는 한국에서 왔어요.
마르토노	와! 제 형이 한국에 살아요.
철수	아, 그래요? 어디서요?
마르토노	부산에서요.
소피	철수도 부산 사람이야.
철수	네, 저는 부산에서 왔어요.
마르토노	우연이네요.

새 단어 · Kosakata Baru

bertemu	만나다	omong-omong	그나저나
iya	네, 예, 그래	sudah	이미, 벌써, 다 했다 (현재완료)
kebetulan	우연	ya	네, 예, 그래
lama	오래되다		

1. 다음 그림을 참고하여 인도네시아어로 써 보세요.

 Budi

 Amir

 Tina

 Ali

 Arman

 Hendra

 Ahmad

 Dani

 Santi

 Indra

(1) Budi adalah seorang mahasiswa.

(2) _____

(3) _____

(4) _____

(5) _____

(6) _____

(7) _____

(8) _____

(9) _____

(10) _____

2. 다음 제시어를 알맞게 배열하여 올바른 문장으로 완성해 보세요.

(1) adalah – kakak – seorang – saya – guru

→ _____

(2) Kim – bekerja – bapak – PT Samsung – di

→ _____

(3) perempuan – adalah – seorang – kakak – karyawan – saya

→ _____

(4) dan – adik – orang – saya – saya – anak – tua – saya – adalah

→ _____

(5) dan – kakek – saya – Jawa – orang – nenek – adalah

→ _____

3. 녹음을 듣고 빈칸을 채워 보세요.   🎧 MP3 **03-6**

Martono   : _____, Sophie.

Sophie   : Eh, Martono. Sudah lama _____ _____.

Martono   : Omong-omong, siapa itu?

Sophie   : Oh, itu adalah _____ saya.

Martono   : Siapa namanya?

Sophie   : Namanya Chul Soo. Dia orang Korea.

Martono   : Apa _____ dia?

Sophie   : Dia adalah seorang _____ PT Chosun Indonesia.

Martono   : Oh, ya?

다음 글을 읽어 보세요. MP3 **03-7**

Keluarga Saya

Nama saya Anto Wijaya. Saya berasal dari Jakarta. Saya adalah seorang mahasiswa Program Studi Jepang Universitas Indonesia. Perkenalkan, ini keluarga saya. Keluarga saya tinggal di Jakarta. Nama ayah saya Ahmad Wijaya dan nama ibu saya Siti Nursiah. Ayah saya adalah seorang dosen di Universitas Negeri Jakarta. Ibu saya adalah seorang ibu rumah tangga. Kakak perempuan saya sekarang tinggal di Bandung dengan suaminya. Nama kakak perempuan saya adalah Ratna. Kakak adalah seorang karyawan PT Kimia Farma. Nama adik laki-laki saya adalah Andi. Dia adalah seorang pelajar SMP di SMP Negeri 1.

단어 negeri 나라, 국가, 국립, 정부   SMP(Sekolah Menengah Pertama) 중학교

Bapak과 Ibu 호칭

인도네시아에서 가장 많이 쓰이는 호칭은 Bapak과 Ibu입니다. Bapak과 Ibu는 2인칭과 3인칭에 쓸 수 있습니다. 2인칭으로 쓰일 때는 대문자로 꼭 써야 하고 3인칭으로 쓰일 때 소문자로 씁니다. 본인의 아버지 뿐만 아니라 다른 윗사람이나 초면의 남성을 부를 때도 'Bapak'이라고 부르며, 본인의 어머니 뿐만 아니라 다른 윗사람이나 초면인 여성을 부를 때는 'Ibu'라고 부릅니다. Bapak과 Ibu는 상대방의 직책이나 직위 앞에 위치하여 'Bapak guru, Ibu guru Siti'라고 불러도 무방합니다. Bapak과 Ibu 없이 상대방을 직책이나 직위 또는 직업으로 부르면 안 됩니다.

Bapak과 Ibu는 상대방의 이름과 함께 쓰이는 경우 Pak과 Bu로 줄여서 쓸 수 있습니다. 상대방의 이름 없이 부를 때 두 가지 경우가 있습니다. 첫째 문장의 주어나 목적어 또는 부사어가 되는 경우 Bapak과 Ibu는 절대 줄여서 말하면 안 됩니다. 둘째, 문장의 주어나 목적어 또는 부사어가 아닌 단지 호사, 즉 상대방을 부르는 경우 줄여서 말할 수 있습니다. 다음 예문을 봅시다.

Ibu Siti berasal dari mana?	(○)	(시띠) 선생님께서는 어디서 오셨어요?
Bu Siti berasal dari mana?	(○)	(시띠) 선생님께서는 어디서 오셨어요?
Ibu berasal dari mana?	(○)	선생님께서는 어디서 오셨어요?
Bu berasal dari mana?	(✕)	선생님께서는 어디서 오셨어요?
Apa kabar, Ibu Siti?	(○)	(시띠) 선생님, 안녕하세요?
Apa kabar, Bu Siti?	(○)	(시띠) 선생님, 안녕하세요?
Apa kabar, Ibu?	(○)	선생님, 안녕하세요?
Apa kabar, Bu?	(○)	선생님, 안녕하세요?

Saya Punya Seorang Adik

저는 동생이 한 명 있습니다

학습내용: Isi Pelajaran

MP3 **04-1**

Kamu punya berapa orang saudara?

Saya punya dua orang kakak perempuan.

MP3 **04-2**

Kamu punya berapa ekor anjing?

Saya punya seekor anjing di Korea.

MP3 **04-3**

Ibu punya berapa orang anak?

Saya punya 3 orang anak.

MP3 **04-4**

Jakarta memiliki berapa buah Sungai?

Jakarta memiliki sebuah sungai, yaitu
Sungai Ciliwung.

숫자 · Angka

1	satu	11	sebelas	10	sepuluh	100	seratus
2	dua	12	dua belas	20	dua puluh	200	dua ratus
3	tiga	13	tiga belas	30	tiga puluh	300	tiga ratus
4	empat	14	empat belas	40	empat puluh	400	empat ratus
5	lima	15	lima belas	50	lima puluh	500	lima ratus
6	enam	16	enam belas	60	enam puluh	600	enam ratus
7	tujuh	17	tujuh belas	70	tujuh puluh	700	tujuh ratus
8	delapan	18	delapan belas	80	delapan puluh	800	delapan ratus
9	sembilan	19	sembilan belas	90	sembilan puluh	900	sembilan ratus
10	sepuluh	20	dua puluh	100	seratus	1,000	seribu

10, 11, 100에 들어간 접두사 se–는 사실 숫자 1(satu)의 뜻을 나타냅니다. satu는 다른 명사나 수량사 앞에 오면 주로 접두사 se–로 바뀌어 명사나 수량사에 붙여 씁니다. 그러므로 sepuluh는 '십'보다 '일십', seratus는 '일백' 그리고 seribu는 '일천'이라고 해석하는 것이 좋습니다.

		puluh	십	=	sepuluh	일십
		ratus	백	=	seratus	일백
satu 일	+	ribu	천	=	seribu	일천
		orang	사람	=	seorang	한 명
		buah	열매	=	sebuah	한 개

0은 주로 nol이라고 하는데 전화번호의 경우 kosong이라고 하기도 합니다.

010-1234-5678

kosong-satu-kosong satu-dua-tiga-empat lima-enam-tujuh-delapan

수량사 · Kata Penggolong

orang	명, 사람	사람을 세는 단위
buah	개	일반적으로 물건을 세는 단위
ekor	마리	동물을 세는 단위
batang	그루, 봉	둘레가 둥글고 긴 것을 세는 단위
belah	쪽	쌍 또는 짝이 있는 물건 중에서 한 쪽을 세는 단위
bentuk	개	반지나 팔찌와 같은 동그란 물체를 세는 단위
bidang	필지	땅 따위를 세는 단위
botol	병	음료나 액체 따위가 담긴 병을 세는 단위
butir	톨, 알	둥글고 크기가 크지 않은 것을 세는 단위
cangkir	찻잔	음료가 담긴 찻잔을 세는 단위
gelas	잔	음료가 담긴 잔 또는 컵을 세는 단위
helai / lembar	장, 매	종이나 원단, 머리카락, 옷 등을 세는 단위
mangkuk	그릇	음식이 담긴 그릇을 세는 단위
pasang	켤레, 쌍	짝이 되는 두 개를 세는 단위
piring	접시	음식이 담긴 접시를 세는 단위
potong	조각, 점	전체에서 한 조각 또는 옷 따위를 세는 단위
pucuk	통, 정	편지나 총과 같은 무기를 세는 단위
tangkai	송이	꽃이나 손잡이가 있는 것을 세는 단위

수량사를 사용하는 방법

수량사는 늘 숫자 다음 그리고 명사 전에 사용합니다.

> 숫자 **수량사** 명사

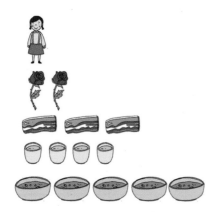

se**orang** anak	아이 한 명
dua **tangkai** mawar	장미 두 송이
tiga **potong** daging	고기 세 점
empat **gelas** teh	차 네 잔
lima **mangkuk** sup	국 다섯 그릇

> berapa **수량사** 명사?

Berapa **orang** anak?	아이 몇 명?
Berapa **tangkai** mawar?	장미 몇 송이?
Berapa **potong** daging?	고기 몇 점?
Berapa **gelas** teh?	차 몇 잔?
Berapa **mangkuk** sup?	국 몇 그릇?

punya 동사

punya는 '가지고 있다' 또는 '소유하다'의 뜻을 나타냅니다. punya는 타동사이기 때문에 목적어가
바로 뒤에 따라옵니다.

Saya **punya** <u>seorang adik</u>.   나는 동생 한 명이 있습니다.

Ibu **punya** <u>3 potong kue</u>.   어머니는 케이크 3 조각을 가지고 있습니다.

Chul Soo **punya** <u>banyak teman</u>.   철수는 친구가 많이 있습니다.

Siti **punya** <u>tas baru</u>.   시띠는 새로운 가방을 가지고 있습니다.

Kakak **punya** <u>seorang pacar</u>.   오빠는 애인이 있습니다.

punya 외에도 '소유하다'의 뜻을 나타내는 memiliki와 mempunyai가 있습니다. memiliki와
mempunyai는 주어, 즉 소유자가 사람 뿐만 아니라 주로 공식적인 자리에서나 소유자가 인물이
아닌 경우에 씁니다.

Jakarta **memiliki** <u>sebuah sungai</u>.   자카르타는 한 개의 강이 있습니다.

Seoul **memiliki** <u>banyak gunung</u>.   서울은 산이 많이 있습니다.

Anjing **mempunyai** <u>2 pasang kaki</u>.   개는 다리 네 개(두 쌍)를 가지고 있습니다.

Rumah saya **memiliki** <u>3 buah kamar</u>.   우리 집은 방이 세 개 있습니다.

'몇 개를 가지고 있는지'의 질문을 할 때, 다음 예문처럼 '몇' 또는 '얼마'라는 뜻을 나타내는
berapa 의문사를 사용하면 됩니다.

Anda punya **berapa orang** saudara?   당신은 형제 몇 명을 가지고 있습니까?

   → Saya punya **3 orang** saudara.   저는 세 명의 형제를 가지고 있습니다.

Dia punya **berapa pasang** sepatu?   그녀는 구두 몇 켤레를 가지고 있습니까?

   → Dia punya **20 pasang** sepatu.   그녀는 20켤레의 구두를 가지고 있습니다.

Saya Hanya Punya Sebutir Telur

Tina	Sophie! Saya boleh bertanya?
Sophie	Ya, silakan.
Tina	Kamu punya saudara?
Sophie	Ya, saya punya seorang adik. Dan kamu?
Tina	Saya punya dua orang kakak perempuan.
Sophie	Oh, ya? Kamu anak bungsu.
Tina	Kamu anak sulung.
Sophie	Eh, kamu mau apel? Saya punya tiga buah apel.
Tina	Wah, terima kasih. Saya juga mau telur itu.
Sophie	Jangan. Saya hanya punya sebutir telur.
Tina	Oh, maaf.

나는 단지 계란 한 알을 가지고 있습니다

띠나	소피! 나 뭐 좀 물어봐도 돼?
소피	응, 물어봐.
띠나	너는 형제가 있어?
소피	응, 나는 동생이 한 명 있어. 너는?
띠나	난 언니가 두 명 있어.
소피	아, 그래? 너는 막내구나.
띠나	넌 첫째구나.
소피	아, 사과 먹을래? 나에게 사과 세 개가 있어.
띠나	우와, 고마워. 난 그 계란도 먹고 싶은데.
소피	안 돼. 하나밖에 없어.
띠나	아, 미안해.

새 단어 · Kosakata Baru

adik	동생, 손아래	jangan	안 돼!, 하지 마!
anak	아이	kakak	손위
apel	사과	perempuan	여자, 여성
bertanya	묻다, 질문하다	saudara	형제, 친척
boleh	~해도 좋다, ~하면 된다	silakan	그렇게 하세요. / 그러세요!
bungsu	막내	sulung	맏이의, 첫째의
hanya	단지, 오직	telur	계란, 알

1. 그림을 참고하여 다음 문장을 완성해 보세요.

kucing (2)

kopi (1)

mi (3)

payung (5)

saputangan (4)

air (1)

kue (9)

kaus kaki (2)

jeruk (6)

bolpoin (8)

(1) dua ekor kucing

(2) _____

(3) _____

(4) _____

(5) _____

(6) _____

(7) _____

(8) _____

(9) _____

(10) _____

2. 다음 제시어를 알맞게 배열하여 올바른 문장으로 완성해 보세요.

(1) orang – orang tua – memiliki – anak – empat – saya

→ _____

(2) punya – mawar – dan – sebentuk – sebatang – dia – cincin

→ _____

(3) sebidang – memiliki – tanah – di – Chul Soo – Korea

→ _____

(4) berapa – anjing – Anda – ekor – memiliki

→ _____

(5) Korea – 6 buah – 9 buah – dan – provinsi – memiliki – kota metropolitan

→ _____

3. 녹음을 듣고 빈칸을 채워 보세요.　　　　　　　🔊 MP3 **04-6**

Sophie　　　: Tina. Omong-omong, saya punya 5 _____ permen.

　　　　　　　_____ mau?

Tina　　　　: Wah, terima kasih. Tentu saja mau.

Sophie　　　: Kamu mau _____?

Tina　　　　: Saya mau _____ saja.

Sophie　　　: Baiklah.

Tina　　　　: Kamu mau susu cokelat? Saya punya 2 _____ susu cokelat.

Sophie　　　: Boleh. Terima kasih, ya.

Tina　　　　: Sama-sama.

다음 글을 읽어 보세요.　　　　　　　　　　　　　　　　　　　 MP3 **04-7**

Indonesia

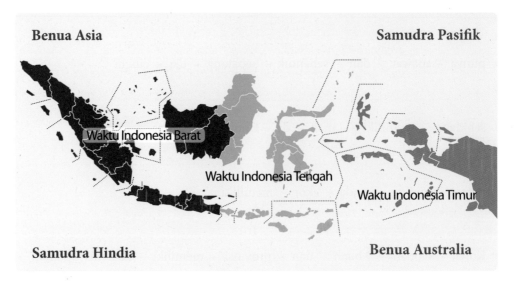

Indonesia berada di antara 2 buah samudra dan 2 buah benua. Indonesia berada di antara Samudra Hindia dan Samudra Pasifik. Indonesia juga berada di antara Benua Asia dan Benua Australia. Indonesia hanya mempunyai 2 buah musim, yaitu musim hujan dan musim kemarau. Indonesia juga memiliki 3 buah waktu, yaitu Waktu Indonesia Barat, Waktu Indonesia Tengah, dan Waktu Indonesia Timur. Indonesia memiliki 34 buah provinsi. Indonesia memiliki sekitar 250 juta orang penduduk dan lebih dari 300 buah suku bangsa di Indonesia. Selain itu, Indonesia juga memiliki lebih dari 737 buah bahasa.

 antara 사이　　Asia 아시아　　Australia 호주　　barat 서녘　　benua 대륙　　berada 있다, 위치하다　　musim 계절
musim hujan 우기　　musim kemarau 건기　　penduduk 주민, 국민　　provinsi 주(州), 도(道)　　samudra 해양
suku bangsa 민족, 부족　　tengah 중앙, 가운데　　timur 동녘　　waktu 시간　　yaitu 즉

더치페이

한국은 회식과 음주 문화가 발달되어 있습니다. 같이 먹을 때 주로 직위가 가장 높거나 나이가 가장 많은 사람이 계산을 하는 것이 보통입니다. 요즘 젊은 사람들은 n 분의 1로 계산하기도 하지만 한 사람이 밥값을 내고 다른 사람이 커피나 다른 기회에 내는 것이 일반적입니다. 인도네시아 사람들은 주로 같이 먹어도 자신이 먹은 것을 각자 계산합니다. 이것이 바로 한국에서 흔히 말하는 '더치페이'입니다. 일반적으로 본인이 먹은 것만 계산하면 되지만, 어떠한 경우 총비용을 n 분의 1로 나눠서 공평하게 계산하기도 합니다.

그럼 인도네시아에서는 한턱을 내는 문화가 없을까요? 있습니다. 다만 아주 특별한 경우에만 한 사람이 부담을 하여 계산합니다. 예를 들면 축하 기념 파티, 생일 때 그리고 좋은 일이 생길 때 등입니다. 물론 공짜로 먹는 것은 좋겠다고 생각하실 수 있지만 인도네시아에서 너무 자주 계산해 주거나 한턱을 내면 상대방에게 관심이 있다고 오해를 받을 수 있으므로 비즈니스 미팅이나 공식적인 만찬 자리 외에는 더치페이 하는 것은 좋습니다.

Pelajaran

05

Toilet Ada di Lantai 1

화장실은 1층에 있습니다

학습내용: Isi Pelajaran

- 어휘　　　　: 위치, 공공장소
- 표현과 문법 : ada 동사
- 회화　　　　: 나는 화장실에 가고 싶습니다
- 읽기　　　　: 철수의 아파트

MP3 **05-1**

Toilet ada di mana?

Toilet ada di lantai 1 perpustakaan.

MP3 **05-2**

Rumah sakit ada di mana?

Rumah sakit ada di sana.

MP3 **05-3**

Di dalam tas kamu ada apa?

Di dalam tas saya ada buku, tempat pensil, dan botol air.

MP3 **05-4**

Di Malang ada apa?

Di Malang ada kebun binatang.

위치 · Posisi

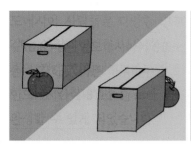

depan 앞 / belakang 뒤

atas 위 / bawah 아래

kiri 좌측 / kanan 우측

dalam 안 / luar 밖

sebelah 옆 / samping 곁, 옆

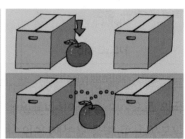

antara 사이 / tengah 가운데, 중앙

dekat 가까이 / seberang 건너편

sini 여기 / situ 거기 / sana 저기

💡 **Tip** | 왼쪽과 오른쪽

'왼쪽'과 '오른쪽'이라고 말할 때 단지 kiri와 kanan이라고 하지 않고 주로 sebelah를 추가하여 sebelah kiri와 sebelah kanan이라고 합니다. samping kiri와 samping kanan은 틀린 말이 아니지만 잘 쓰지 않습니다.

공공장소 · Tempat Umum

rumah sakit	병원	kantin	구내식당
sekolah	학교	kafe	카페
universitas	대학교	apotek	약국
kantor	회사, 사무실	hotel	호텔
terminal	버스 터미널	asrama	기숙사
stasiun	기차역	taman	공원
bandara	공항	pasar	시장
halte bus	버스 정류장	supermarket	슈퍼마켓
kantor polisi	경찰 파출소	mal	쇼핑몰
kantor pos	우체국	pusat perbelanjaan	백화점, 쇼핑센터
bank	은행	bioskop	영화관
restoran	레스토랑, 음식점	perpustakaan	도서관
rumah makan	식당	kamar kecil	화장실
warung	가게, 매점, 포장마차	toilet	

병원은 주로 'rumah sakit'이라고 하지만 대부분 간판에는 'RS'라는 약자로 쓰입니다.

간판에서는	RS Harapan Kita	하라빤끼따 병원
대화에서는	Saya pergi ke Rumah Sakit Harapan Kita.	나는 하라빤끼따 병원에 갑니다.

화장실을 뜻하는 말은 많이 있는데, 주로 학교나 공공장소에서 'belakang', 즉 '뒤'라는 말을 많이 씁니다.

Maaf. Saya mau **ke belakang**.   죄송합니다. 전 화장실에 가려고 합니다.

Dia sedang **ke belakang**.   그는 화장실에 가 있습니다.

ada 동사

ada는 한국어의 동사 '있다'의 뜻을 나타냅니다. 그러나 '나는 돈이 있다.'에서 '소유하다' 또는 '가지고 있다'의 뜻을 하는 '있다'가 아니라, '존재하다' 또는 '위치하다'의 뜻을 나타내는 '있다' 동사입니다. ada의 뒤에 주로 어떤 동작 또는 상태를 나타내는 전치사인 di가 옵니다.

> 주어 **ada** di 장소.

Jakarta **ada di** Indonesia.	자카르타는 인도네시아에 있습니다.
Ibu saya **ada di** rumah.	우리 어머니는 집에 있습니다.
Toilet **ada di** lantai 1.	화장실은 1층에 있습니다.
Apotek **ada di** sana.	약국은 저기에 있습니다.
Seoul **ada di** mana?	서울은 어디에 있습니까?

전치사 di 뒤에 보통 장소가 나오기 때문에 앞에서 배운 위치 들과 함께 사용할 수 있습니다.

> 주어 **ada** di 위치 + 장소.

Buku **ada di atas** meja.	책은 책상 위에 있습니다.
Kucing **ada di bawah** kursi.	고양이는 의자 밑에 있습니다.
Jendela **ada di belakang** sofa.	창문은 소파 뒤에 있습니다.
Saya **ada di antara** Sophie dan Chul Soo.	나는 소피와 철수 사이에 있습니다.

그러나 몇 가지 주의 사항이 있습니다. 위치가 정확하지 않거나 걸려 있거나 붙어 있는 경우 전치사 di 또는 전치사 pada를 같이 쓸 수 있습니다. 또한 어떠한 물건이 다른 명사 위에 놓여 있거나 어떠한 공간에 있을 경우 atas 또는 dalam과 같은 위치 없이 쓰는 것이 보통입니다. 또한 '어디에 있습니까?'라고 묻는 경우 'ada di mana?'라고 하면 됩니다.

Jaket saya **ada di** mana?

제 외투는 어디에 있습니까?

  Jaket Anda **ada di** kursi.
  Jaket Anda **ada pada** kursi.

당신의 외투는 의자에 (걸려) 있습니다.

Jam **ada di** mana?

시계는 어디에 있습니까?

  Jam **ada di** tembok.
  Jam **ada pada** tembok.

시계는 벽에 (걸려) 있습니다.

Majalah itu **ada di** mana?

그 잡지는 어디에 있습니까?

  Majalah itu **ada di** meja.

그 잡지는 책상에 있습니다.

  Majalah itu **ada di** atas meja.

그 잡지는 책상 위에 있습니다.

Kucing Anda **ada di** mana?

당신의 고양이는 어디에 있습니까?

  Kucing saya **ada di** kamar.

제 고양이는 방에 있습니다.

  Kucing saya **ada di** dalam kamar.

제 고양이는 방 안에 있습니다.

또한 반대로 '~에 뭐가 있습니까?'라고 물어볼 경우 'Di ~ ada apa?'라고 쓰면 됩니다. 또한 답을 할 때 앞에서 수사와 수량사를 함께 사용하면 됩니다.

Di kursi **ada** apa?

의자에 무엇이 있습니까?

  Di kursi **ada** sebuah jaket.

의자에 외투가 있습니다.

Di tembok **ada** apa?

벽에 무엇이 있습니까?

  Di tembok **ada** sebuah jam.

벽에 시계가 있습니다.

Di atas meja **ada** apa?

책상 위에 무엇이 있습니까?

  Di atas meja **ada** sebuah majalah.

책상 위에 잡지가 있습니다.

Di dalam kamar **ada** apa?

방 안에 무엇이 있습니까?

  Di dalam kamar **ada** seekor kucing.

방 안에 고양이가 있습니다.

Saya Mau ke Belakang

Tina	Chul Soo! Mau ke mana?
Chul Soo	Eh, Tina! Syukurlah!
	Saya mau ke belakang.
Tina	Belakang? Kenapa?
Chul Soo	Perut saya sakit.
	Toilet ada di mana, ya?
Tina	Toilet ada di lantai 1 perpustakaan.
Chul Soo	Kalau apotek ada di mana?
Tina	Apotek ada di sana.
Chul Soo	Saya ke toilet dulu, ya.
Tina	Baiklah. Saya tunggu di sini.

나는 화장실에 가고 싶습니다

띠나	철수야! 어디 가?
철수	아, 띠나! 다행이다!
	난 지금 화장실에 가려고.
띠나	화장실? 왜?
철수	난 배가 아파.
	화장실은 어디에 있지?
띠나	화장실은 도서관 1층에 있어.
철수	약국은 어디에 있어?
띠나	약국은 저쪽에 있어.
철수	우선 화장실 갔다 올게.
띠나	그래. 여기서 기다릴게.

새 단어 · Kosakata Baru

baiklah	알겠다, 알았다	perut	배, 복
dulu	먼저, 우선, 예전, 옛날	sakit	아프다
ke	~에, ~로	syukurlah	다행이다
kenapa	왜?	tunggu	기다리다
mau	원하다, ~고 싶다		

1. 그림을 참고하여 다음 문장을 완성해 보세요.

(1) Buku ada di dalam rak buku.

(2) Anjing _____

(3) Kucing _____

(4) Kursi _____

(5) Radio dan televisi _____

(6) Karpet _____

(7) Jendela _____

(8) Jam _____

(9) Sepatu _____

(10) Lampu _____

2. 다음 제시어를 알맞게 배열하여 올바른 문장으로 완성해 보세요.

(1) kamar – lantai – di – ada – saya – dua

→ _____

(2) ibu – ada – dan – di – ayah – rumah – dalam

→ _____

(3) mana – rumah sakit – ada – di

→ _____

(4) pada – itu – tembok – kalender – ada

→ _____

(5) dan – benua Asia – berada – di – benua Australia – antara – Indonesia

→ _____

3. 녹음을 듣고 빈칸을 채워 보세요.　　　　　　　　　　　　　MP3 05-6

Chul Soo　　: Aduh…

Tina　　　　: _____, Chul Soo? Masih sakit?

Chul Soo　　: Iya. Rumah sakit ada di mana, ya?

Tina　　　　: Rumah sakit jauh dari _____ .

Chul Soo　　: Aduh… Sakit sekali.

Tina　　　　: Di _____ _____ ada dokter umum.

Chul Soo　　: Oh, ya?

Tina　　　　: Iya. Di _____ toko roti.

　　　　　　　 Ayo! Saya antar.

Chul Soo　　: Terima kasih, Tina.

다음 글을 읽어 보세요. MP3 05-7

Apartemen Chul Soo

Ini adalah apartemen Chul Soo. Apartemen Chul Soo ada di Kelapa Gading. Di dalam apartemen Chul Soo ada sebuah sofa, sebuah meja, sebuah televisi, sebuah lemari kecil, dan sebuah rak buku.

Di depan pintu ada sebuah sofa dan di atas sofa ada sebuah bantal. Di belakang sofa ada sebuah jendela dengan gorden. Di dinding ada sebuah jam dinding. Di depan jam dinding ada sebuah televisi dan sebuah lemari kecil. Di antara televisi dan sofa ada sebuah meja. Di atas meja ada 2 buah cangkir dan sebuah termos air panas. Di belakang televisi ada rak buku dan di dalam rak buku itu ada buku-buku. Di dekat rak buku dan televisi ada sebuah lampu.

 air panas 온수(뜨거운 물)　apartemen 아파트　bantal 베개　cangkir 컵, 찻잔　gorden 커튼　kecil 작다

lemari 장, 찬장　rak 선반, 꽂이　termos 보온 병

오른쪽의 중요성

한국에서는 윗사람이나 모르는 사람에게 물건을 전달할 때 주로 두 손으로 전달하는 것이 예의입니다. 그러나 인도네시아에서는 오른손으로 물건을 주고받기 때문에, 두 손으로 무언가를 전달하는 것은 어색한 행위입니다. 아무리 바쁘고 오른손에 무언가 들고 있어도 다른 사람에게 물건을 전달하거나 받을 때는 오른손으로 하는 것이 예의입니다. 혹시 아주 바쁘거나 오른손으로 주지 못하여 왼손으로 할 수밖에 없는 경우에는 꼭 "Maaf, tangan kiri.(왼손이라 죄송합니다.)"라고 말하는 것이 좋습니다.

인도네시아 사람들은 다양한 이유로 왼손을 쓰지 않습니다. 그중 가장 큰 이유는 화장실에서 일을 보고 닦을 때 왼손을 사용하기 때문입니다. 인도네시아 사람들은 일을 본 후 화장지 대신에 물을 사용합니다. 물을 뿌리고 왼손으로 직접 닦습니다. 그래서 왼손은 더러운 손이라고 생각하는 사람들이 많습니다. 또한 인도네시아에는 이슬람교 인구가 가장 많아서 이슬람교의 가르침에 따라 오른손은 좋고 왼손은 나쁜 손이라고 하는 사람들도 있습니다. 그러나 오른손을 사용하는 문화는 인도네시아뿐만 아니라 동남아시아 다른 국가에도 있습니다.

이유가 무엇이든 인도네시아에서는 다른 사람과 주고받을 때 꼭 오른손을 사용한다는 것을 잊지 마세요.

Pelajaran

06

Saya Mau Pergi ke Gereja

저는 성당에 갈 겁니다

학습내용: Isi Pelajaran

- 어휘 : 일반동사, 집 안에
- 표현과 문법 : 장소 부사어
- 회화 : 어디에 갑니까?
- 읽기 : 우리 집

MP3 **06-1**

Kamu mau ke mana?

Saya mau berwisata ke Pulau Bali.

MP3 **06-2**

Kamu makan siang di mana?

Saya makan siang di kantin kampus.

MP3 **06-3**

Anda berasal dari mana?

Saya berasal dari Australia.

MP3 **06-4**

Kamu baru dari mana?

Saya baru datang dari rumah.

일반동사 · Kata Kerja Umum

makan	먹다	minum	마시다
berdiri	서다	duduk	앉다
bekerja	일하다	belajar	공부하다
bermain	놀다, 연주하다, (스포츠를) 하다	beristirahat	휴식을 가지다
lahir	태어나다	meninggal	(사람이) 죽다
pergi	가다	datang	오다
pulang	(집, 숙소에) 돌아가다, 돌아오다	kembali	(제자리에) 돌아가다, 돌아오다
keluar	나가다, 나오다	masuk	들어가다, 들어오다
naik	올라가다, 올라오다	turun	내려가다, 내려오다
berangkat	출발하다	sampai	도착하다
berjalan	걷다, 걸어서 가다	berjalan-jalan	산책하다, 놀러 가다
berolahraga	운동하다	berwisata	여행 가다
membaca	읽다	menulis	쓰다
mencuci	씻다, 빨다	membeli	사다, 구매하다

 Tip

'죽다'는 말은 한국어와 마찬가지로 인도네시아어에서도 많이 있습니다. 보통 동물이나 식물의 경우 '죽다'의 의미로 'mati'를 사용하며, 사람이 죽었을 때는 '돌아가시다'를 의미하는 'meninggal' 또는 'meninggal dunia'를 사용합니다. 그 외에 죽은 대상에 따라 사용하는 단어가 다릅니다.

Anjing saya mati.	나의 개는 죽었습니다.
Pohon itu mati.	저 나무는 죽었습니다.
Orang itu meninggal (dunia).	저 사람은 돌아가셨습니다.
Prajurit itu gugur.	저 병사는 전사하였습니다.
Yesus wafat.	예수님은 돌아가셨습니다.

집 안에 · Di Dalam Rumah

① halaman	마당		⑨ kamar tamu	손님방
② beranda	베란다		⑩ dapur	부엌
③ ruang tamu	응접실		⑪ gudang	창고
④ ruang keluarga	거실		⑫ tangga	계단
⑤ ruang kerja	서재		⑬ garasi	차고
⑥ ruang makan	식당		⑭ lantai 1	1층
⑦ kamar mandi	욕실		⑮ lantai 2	2층
⑧ kamar tidur	침실		⑯ loteng	다락방

장소 부사어 · Keterangan Tempat

인도네시아어의 어순은 영어처럼 「주어-서술어-목적어」입니다. 다음의 한국어와 인도네시아어 문장을 비교해 봅시다.

한국어 주어-목적어-서술어	인도네시아어 주어-서술어-목적어
나는 비빔밥을 먹습니다.	Saya **makan** bibimbap.
동생이 이를 닦습니다.	Adik **menyikat** gigi.
할머니가 텔레비전을 봅니다.	Nenek **menonton** TV.
오빠가 잡지를 읽습니다.	Kakak **membaca** majalah.

위의 인도네시아어 문장에 부사어를 추가하여 의미를 확장시킬 경우, 부사어를 목적어 다음에 넣습니다. 부사어는 다음 예문들처럼 주로 전치사와 함께 나타납니다.

Saya makan bibimbap **di** ruang makan. 　　나는 집의 식당에서 비빔밥을 먹습니다.
Adik menyikat gigi **di** kamar mandi. 　　동생이 욕실에서 이를 닦습니다.
Nenek menonton TV **di** ruang keluarga. 　　할머니가 거실에서 텔레비전을 봅니다.
Kakak membaca majalah **di** ruang tamu. 　　오빠가 응접실에서 잡지를 읽습니다.

인도네시아어의 기본 전치사는 di, ke, dari가 있습니다. 이 세 가지의 전치사들은 주로 장소 명사 앞에 와서 장소 부사어를 형성합니다. 전치사 di는 어떤 행동이나 상태가 벌어지는 장소를 가리키는 전치사입니다.

> **di** + 장소

Saya berbelanja **di** supermarket. 　　저는 슈퍼에서 장을 봅니다.
Kami makan **di** rumah makan. 　　우리는 식당에서 먹습니다.
Chul Soo tinggal **di** Kelapa Gading. 　　철수는 끌라빠 가딩에 삽니다.
Jakarta ada **di** Indonesia. 　　자카르타는 인도네시아에 있습니다.

전치사 ke는 어떤 행동의 방향이나 종착점을 가리키는 전치사입니다.

| ke + 장소 |

Saya pergi **ke** sekolah. 저는 학교에 갑니다.
Ayah berangkat **ke** kantor. 아버지가 사무실로 출발합니다.
Ibu guru masuk **ke** dalam kelas. 선생님이 교실 안으로 들어갑니다.
Sophie pulang **ke** Prancis. 소피는 프랑스로 돌아갑니다.

전치사 dari는 어떤 행동의 시작이나 시발점을 가리키는 전치사입니다.

| dari + 장소 |

Kamu datang **dari** luar. 너는 밖에서 (들어) 옵니다.
Adik keluar **dari** kamar. 동생은 방에서 나옵니다.
Kakak pulang **dari** Jepang. 오빠가 일본에서 돌아옵니다.
Chul Soo berasal **dari** Korea. 철수는 한국에서 왔습니다.

장소에 대해서 질문을 할 때 앞 과에서 이미 배운 mana라는 의문사를 사용하면 됩니다.

Anda berbelanja **di** mana? 당신은 어디서 장을 보십니까?
 Saya berbelanja **di** supermarket. 저는 슈퍼에서 장을 봅니다.

Sophie pergi **ke** mana? 소피는 어디로 갔습니까?
 Sophie pulang **ke** Prancis. 소피는 프랑스로 돌아갔습니다.

Kakak kamu pulang **dari** mana? 네 오빠는 어디 갔다 왔어?
 Kakak saya pulang **dari** Jepang. 우리 오빠는 일본에 갔다 왔어.

Kamu Mau ke Mana?

Chul Soo	Selamat siang, Ibu Siti.
Siti	Eh, Chul Soo. Siang!
	Kamu mau ke mana?
Chul Soo	Saya mau pergi ke gereja.
	Ibu baru kembali dari mana?
Siti	Saya baru berbelanja.
Chul Soo	Ibu berbelanja di mana?
Siti	Saya biasanya berbelanja di Supermarket Hero.
Chul Soo	Saya suka berbelanja di sana.
Siti	Saya juga.
Chul Soo	Ah! Saya terlambat. Mari, Bu!
Siti	Ya, silakan. Dah.

어디에 갑니까?

철수	안녕하세요, 시띠 선생님.
시띠	오, 철수. 안녕!
	너 어디 가니?
철수	전 성당에 가려고요.
	어디 갔다 오셨어요?
시띠	난 장 보러 갔다 오는 길이야.
철수	어디서 장을 보셨어요?
시띠	난 주로 헤로 슈퍼마켓에서 장을 봐.
철수	저는 거기서 장 보는 것을 좋아해요.
시띠	나도.
철수	이런! 전 늦었어요. 선생님, 먼저 갈게요!
시띠	응, 그래. 잘 가.

새 단어 · Kosakata Baru

Ah!	아!, 이런!, 아이고!	mari	~하자 (청유 감탄사)
berbelanja	장을 보다, 쇼핑하다	suka	좋아하다
gereja	교회, 성당	terlambat	늦다, 지각하다

1. 다음 표의 알맞은 단어를 선택해 빈칸을 채워 문장을 완성해 보세요.

bioskop	halte bus	menabung	kamar mandi	pasar
tidur	membaca	kantor polisi	minum	makan
berwisata	rumah sakit	berangkat	lapangan	memasak

(1) Chul Soo _____ di bank.

(2) Maria _____ di kamar.

(3) Ibu _____ makan malam di dapur.

(4) Polisi ada di _____ _____.

(5) Bulan depan saya _____ ke Indonesia.

(6) Martono _____ ke Bandung dengan teman-teman dia.

(7) Kami menonton film di _____.

(8) Kakek _____ buku di perpustakaan.

(9) Rahmat berbelanja di _____.

(10) Martono mandi di _____ _____.

(11) Sophie _____ kopi di kafe.

(12) Nenek pulang dari _____ _____.

(13) Andi _____ nasi goreng di restoran.

(14) Anak-anak itu berolahraga di _____.

(15) Ibu menunggu bus di _____ _____.

2. 다음 제시어를 알맞게 배열하여 올바른 문장으로 완성해 보세요.

(1) kami – dan – di – makan – ruang makan – minum

→ _____

(2) turun – lantai 2 – ibu – dari

→ _____

(3) ke – berangkat – kantor – ayah

→ _____

(4) saya – kembali – sekolah – adik – dari

→ _____

(5) dan – menulis – membaca – di – saya – kamar – dalam

→ _____

3. 녹음을 듣고 빈칸을 채워 보세요.　　　　　　　　　　MP3 **06-6**

Sophie	: Halo, Martono.
Martono	: Eh, Sophie? _____ _____?
Sophie	: Baik. Kamu mau _____ _____?
Martono	: Oh, saya mau berangkat ke Bandung.
Sophie	: Bandung?
Martono	: Ya, saya mau _____ ke Bandung dengan teman-teman saya.
Sophie	: Wah, menyenangkan!
Martono	: Saya akan _____ kartu pos untuk kamu dari Bandung.
Sophie	: Wah, terima kasih!

다음 글을 읽어 보세요.

 MP3 **06-7**

Rumah Saya

 Perkenalkan, nama saya Maria Christina. Panggil saya Tina. Ayah dan ibu saya berasal dari Flores. Saya dan adik saya lahir dan tinggal di Jakarta. Saya tinggal di Pasar Minggu, Jakarta dengan keluarga saya. Saya berumur 21 tahun. Saya adalah mahasiswa Program Studi Korea Universitas Jakarta.

 Di rumah saya ada sebuah ruang tamu, sebuah ruang keluarga, sebuah ruang makan, sebuah dapur, 2 buah kamar mandi, 3 buah kamar tidur, dan sebuah gudang. Kamar saya dan adik saya ada di lantai 2. Di antara kamar saya dan kamar adik saya ada sebuah kamar mandi. Kamar orang tua saya ada di lantai 1, dekat dengan ruang tamu dan ruang keluarga. Keluarga saya makan pagi dan makan malam di ruang makan. Saya dan adik saya suka menonton TV di ruang keluarga. Ibu saya memasak di dapur dan ayah membaca koran di ruang tamu.

단어 **berumur** 나이를 가지다   **dekat** 가까이

인도네시아 주택가의 풍경

요즘 수도인 자카르타와 큰 도시에 사는 외국인의 인구가 많아지면서 아파트가 많이 생겼습니다. 그러나 불과 15년 전까지만 해도 자카르타에는 아파트가 많이 없었습니다. 인도네시아 집 구조상 아파트보다 손님을 모시는 응접실과 손님방을 마련할 수 있는 주택가의 집에 사는 것을 더 선호합니다.

한국과 다른 인도네시아 주택가의 색다른 점은 시간별로 다른 상인들이 집 주위를 돌아다닙니다. 아침에는 주로 닭죽 상인(bubur ayam)이 돌고 그 외에는 녹두죽(bubur kacang ijo), lontong sayur 등과 같은 조식으로 먹을 수 있는 음식을 파는 상인들이 순환합니다. 출근 시간이 지난 9~10시부터는 주부들이 점심을 준비할 수 있게끔 식재료를 파는 야채 상인(tukang sayur)과 늦게 조식을 먹어야 하는 사람을 위해 ketoprak과 같은 가벼운 음식을 파는 상인들이 주택가를 돌아다닙니다.

또한, 2시가 지난 오후 3~4시부터는 간식들을 파는 상인들이 많이 돌아다닙니다. 인도네시아식 딤섬(siomay)과 완자탕(bakso)이 인기 메뉴입니다. 저녁부터는 저녁식사나 야식으로 먹을 수 있는 볶음밥(nasi goreng), 볶음면(mi goreng), 과일 샐러드(rujak padang) 등을 파는 상인들이 돌아다닙니다. 그리고 저녁에 피로를 풀기 위해 시각장애인 안마사도 있어, 필요할 때 불러서 편안한 집에서 시원하게 안마를 받을 수 있습니다.

가장 재미있는 것은 각 상인마다 특유의 신호 소리가 있습니다. 집에 사는 사람들은 이 소리만 듣고도 어떤 상인이 지나가고 있다는 것을 알 수 있습니다. 인도네시아를 여행하게 된다면 주택가의 상인들이 내는 특유의 신호음에 귀 기울여 들어보세요. 인도네시아의 매력을 한 층 더 느낄 수 있을 겁니다.

Pelajaran

07

Chul Soo Datang ke Indonesia Tahun Lalu

철수는 작년에 인도네시아에 왔습니다

학습내용: Isi Pelajaran

- 어휘 : 요일 이름, 월 이름, 시간적인 표현, 시계
- 표현과 문법 : 시계 읽는 방법, 시간 부사어
- 회화 : 내일 안쪽에 갈래요?
- 읽기 : 저는 인도네시아어 선생님입니다

MP3 **07-1**

 Hari ini hari apa?

Hari ini hari Rabu.

MP3 **07-2**

 Bulan ini bulan apa?

Bulan ini bulan Januari.

MP3 **07-3**

 Sekarang jam berapa, Bu?

Sekarang jam 3 sore.

MP3 **07-4**

 Kapan kamu datang dari Korea?

Saya datang ke Indonesia tahun lalu.

요일 이름 · Nama-Nama Hari

'월요일'은 단독 Senin으로만 표현할 수 없습니다. 앞에 '요일' 또는 '날'이란 뜻을 나타내는 hari를 함께 사용하여 hari Senin이라고 해야 합니다.

Senin	Selasa	Rabu	Kamis	Jumat	Sabtu	Minggu
월요일	화요일	수요일	목요일	금요일	토요일	일요일

A : Hari ini hari apa?   오늘은 무슨 요일입니까?

B : Hari ini **hari Minggu**.   오늘은 일요일입니다.   (○)

Hari ini **Minggu**.   (✕)

A : Besok hari apa?   내일은 무슨 요일입니까?

B : Besok **hari Senin**.   내일은 월요일입니다.   (○)

Besok **Senin**.   (✕)

월 이름 · Nama-Nama Bulan

요일을 말할 때와 마찬가지로 '월'이란 뜻을 나타내는 bulan을 함께 사용하여 bulan Januari라고 해야 '1월'이란 뜻이 전달됩니다.

Januari	Februari	Maret	April	Mei	Juni
1월	2월	3월	4월	5월	6월
Juli	Agustus	September	Oktober	November	Desember
7월	8월	9월	10월	11월	12월

A : Bulan ini bulan apa?   이번 달은 몇 월입니까?

B : Bulan ini **bulan Februari**.   이번 달은 2월입니다.   (○)

Bulan ini **Februari**.   (✕)

A : Bulan lalu bulan apa?   지난 달은 몇 월입니까?

B : Bulan lalu **bulan Januari**.   지난 달은 1월입니다.   (○)

Bulan lalu **Januari**.   (✕)

시간적인 표현 · Ungkapan Waktu

과거 ←		현재	→	미래
kemarin dulu 그저께	kemarin 어제	hari ini 오늘	besok 내일	(besok) lusa (내일) 모레
2 bulan (yang) lalu 2 달 전	bulan lalu 지난 달	bulan ini 이번 달	bulan depan 다음 달	2 bulan lagi 2 달 후
2 minggu (yang) lalu 2 주 전	minggu lalu 지난 주	minggu ini 이번 주	minggu depan 다음 주	2 minggu lagi 2 주 후
2 tahun (yang) lalu 제작년	tahun lalu 작년	tahun ini 올해	tahun depan 내년	2 tahun lagi 내후년
dulu 예전	tadi 아까	sekarang 지금	sebentar lagi 좀 있으면	nanti 이따

* 음영 부분에 있는 시간 표현들은 시간 부사어 전치사 **pada**와 함께 쓸 수 없습니다.

시계 · Jam

Jam 2.
Jam 2 **tepat**.

Jam 2 **lewat** 15 (**menit**).
Jam 2 **lewat** seperempat.

Jam 3 **kurang** 15 (**menit**).
Jam 3 **kurang** seperempat.

Jam 2 **lewat** 30 (**menit**).
Jam setengah 3.

시계 읽는 방법 · Membaca Jam

위에서 배운 것처럼 인도네시아어로 시계를 읽을 때 jam이란 말 뒤에 숫자를 붙이면 됩니다. tepat은 그 시각을 정각이라고 강조할 때만 씁니다. 또한 인도네시아어는 오전 또는 오후와 같은 표현이 없기 때문에 보통 pagi, siang, sore, malam 등을 씁니다.

1:00	Jam 1 **tepat**.	Jam 1 **pagi**.
13:00	Jam 1 **tepat**.	Jam 1 **siang**.
6:00	Jam 6 **tepat**.	Jam 6 **pagi**.
18:00	Jam 6 **tepat**.	Jam 6 **sore**.

시계를 읽을 때 lewat은 '몇 분 후'라고 할 때 쓰고 kurang은 '몇 분 전'이라고 할 때 씁니다. 또한 '15분'은 인도네시아어에서 1시간의 4분의 1이기 때문에 15 menit 대신에 seperempat(1/4)이라고 하는 것이 보통입니다.

1:15	Jam 1 **lewat** 15.	Jam 1 **lewat** **seperempat**.
6:15	Jam 6 **lewat** 15.	Jam 6 **lewat** **seperempat**.
1:45	Jam 1 **lewat** 45.	
	Jam 2 **kurang** 15.	Jam 2 **kurang** **seperempat**.
6:45	Jam 6 **lewat** 45.	
	Jam 7 **kurang** 15.	Jam 7 **kurang** **seperempat**.

'30분'은 한 시간의 반이지만 표현이 영어와 한국어가 다릅니다. setengah는 jam 다음에 바로 오고 시간은 그다음 시간을 말합니다. 군이 해석하자면 '~시는 반밖에 안됩니다.'라고 해석됩니다.

1:30	Jam 1 lewat 30.	Jam **setengah** 2.
6:30	Jam 6 lewat 30.	Jam **setengah** 7.

몇 시인지 물을 경우 'jam berapa'라는 표현을 쓰면 됩니다.

Sekarang jam **berapa**?	지금 몇 시입니까?
Sekarang jam **8** pagi.	지금 아침 8시입니다.
Jam **berapa** sekarang?	지금 몇 시입니까?
Sekarang jam **setengah** 12 siang.	지금 낮 11시 반입니다.

시간 부사어 · Keterangan Waktu

인도네시아어의 시간 부사어는 주로 전치사 pada를 사용하여 표현합니다. 그러나 전치사 pada는 의무적으로 사용하지 않습니다. 시간 부사어는 다른 부사어와 달리 위치가 자유로운 관계로 문장 맨 앞 또는 다른 부사어와 자리를 바꿔서 나올 수 있습니다.

> **pada + 시간**

Saya berbelanja **pada** hari Minggu.
  = Saya berbelanja hari Minggu.   저는 일요일에 장을 봅니다.

Kami makan **pada** jam 1 siang.
  = Kami makan jam 1 siang.   우리는 오후 1 시에 먹었습니다.

Hari Minggu saya berbelanja di supermarket.
  = Saya berbelanja hari Minggu di supermarket.   저는 일요일에 슈퍼에서 장을 봅니다.

Jam 1 siang kami makan di restoran.
  = Kami makan jam 1 siang di restoran.   우리는 오후 1시에 식당에서 먹었습니다.

그러나 몇몇의 시간적인 표현(93쪽 참조)에는 전치사 pada를 사용하면 안 됩니다.

Saya berbelanja **pada** kemarin.   (X)
Saya berbelanja kemarin.   (○)   저는 어제 장을 봤습니다.

Kami makan **pada** besok.   (X)
Kami makan besok.   (○)   우리는 내일 먹을 겁니다.

시간 부사어에 대해 질문을 할 경우 '언제'라는 의문사 kapan 또는 앞서 배운 jam berapa라는 표현을 사용하면 됩니다. 또한 무슨 요일에 하는지에 대해 물어볼 때 hari apa라고 사용하면 됩니다.

A : **Kapan** kamu berbelanja?   언제 장을 봅니까?
B : Saya berbelanja besok.   저는 내일 장을 봅니다.

A : **Jam berapa** kalian makan siang?   몇 시에 점심을 먹었습니까?
B : Kami makan siang **(pada)** jam 12 siang.   우리는 낮 12시에 먹었습니다.

Besok Kamu Mau ke Ancol?

Martono	Sophie. Sekarang jam berapa, ya?
Sophie	Hmm… Sekarang jam 10. Kenapa?
Martono	Kamu tidak ada kelas?
Sophie	Tidak. Hari ini hari Sabtu.
Martono	Biasanya kamu pergi ke mana pada hari Sabtu?
Sophie	Pada hari Sabtu biasanya saya membaca buku di kafe.
Martono	Kalau hari Minggu?
Sophie	Biasanya saya beristirahat di rumah atau berjalan-jalan pada hari Minggu.
Martono	Besok kamu mau ke Ancol?
Sophie	Wah, boleh!

내일 안쫄에 갈래요?

마르토노	소피야. 지금 몇 시야?
소피	음… 지금 10시야. 왜 그래?
마르토노	넌 수업 없어?
소피	없어. 오늘은 토요일이야.
마르토노	주로 토요일에 어디에 가?
소피	토요일에 주로 카페에서 책을 읽어.
마르토노	일요일은?
소피	주로 일요일에 집에서 쉬거나 산책을 해.
마르토노	내일 안쫄(Ancol)에 갈래?
소피	우와, 그러자!

biasanya	주로, 보통	tidak	~지 않다, ~안 하다

1. 달력을 참고하여 다음 질문을 답해 보세요.

(1) Hari ini hari apa?   Hari ini hari Sabtu.

(2) Besok hari apa?

(3) Bulan ini bulan apa?

(4) Kemarin hari apa?

(5) Bulan lalu bulan apa?

(6) Dua bulan lalu bulan apa?   Dua bulan lalu bulan Juli.

(7) Besok lusa hari apa?

2. 다음 제시어를 알맞게 배열하여 올바른 문장으로 완성해 보세요.

(1) Ibu – biasanya – pergi – kapan – pasar – ke

   → _____

(2) belajar – bahasa Prancis – Rabu – pada – kami – dan – Senin – hari – hari

   → _____

(3) dia – ke – datang – kapan – sini

   → _____

(4) kami – pada – di – beristirahat – Minggu – rumah – hari

   → _____

(5) apa – kantin – hari – kamu – di – makan – pada

   → _____

3. 녹음을 듣고 빈칸을 채워 보세요.   🔘 MP3 **07-6**

Tina   : _____ _____ kamu datang, Chul Soo?

Chul Soo : Saya datang tadi jam 8 pagi.

Tina   : _____ dan di mana kamu makan siang?

Chul Soo : Nanti _____ _____ siang di kantin. Kenapa?

Tina   : Saya mau makan siang dengan kamu.

Chul Soo : Oh, boleh saja.

Tina   : Nanti saya tunggu di _____ , ya?

Chul Soo : Baiklah. Saya datang _____ _____ siang.

Tina   : Sampai nanti.

다음 글을 읽어 보세요.   MP3 07-7

Saya Adalah Seorang Guru Bahasa Indonesia

Saya adalah seorang guru bahasa Indonesia di Universitas Jakarta. Saya mengajar setiap hari di kelas tingkat dasar dan menengah. Murid-murid saya berasal dari Amerika, Prancis, Jepang, Korea, Australia, Italia, dan lain-lain. Saya senang mengajar murid-murid saya.

Saya biasanya sampai di kampus jam 8 pagi. Kelas bahasa Indonesia pagi mulai pada jam 9 pagi dan selesai pada jam 11 lewat 50 menit. Jam 12 siang saya makan dengan guru-guru lain di kantin kampus. Kelas bahasa Indonesia siang mulai pada jam 1 dan selesai pada jam 4 sore. Saya biasanya pulang ke rumah jam 5 sore. Pada hari Sabtu dan Minggu saya tidak mengajar dan beristirahat di rumah.

단 어 dan lain-lain 기타, 등등   mulai 시작하다   murid 제자, 학생   tingkat dasar 초급   tingkat menengah 중급   selesai 끝나다

이슬람교의 기도 시간

이슬람교 인구는 인도네시아 인구의 약 87%가 됩니다. 세계에서 가장 큰 이슬람교 인구이기도 합니다. 이슬람교 신자들은 하루에 의무적으로 '다섯 번 기도(salat lima waktu)'를 합니다. 기도 시간이 되면 기도를 하도록 알리는 소리(azan)가 여기저기서 들립니다. 이 소리는 멀리서 들릴 수 있도록 확성기로 들려주기 때문에 처음 인도네시아로 여행 온 사람들은 놀라거나 소음처럼 느끼기도 합니다.

하루의 시작을 알리는 기도는 새벽 기도(salat subuh)입니다. 지평선에 빛이 보이기 시작할 때부터 해가 뜨기 전까지의 시간 안에 해야 하는 기도입니다. 두 번째 기도(salat zuhur) 시간은 해가 서녘으로 기울이기 시작할 때부터인, 정오가 지나서 하는 기도입니다. 세 번째 기도(salat asar) 시간은 사물의 그림자가 사물의 원래 길이보다 더 길어질 때부터 하는 기도입니다. 해질녘부터 지평선에 노을이 안 보일 때까지는 네 번째 기도(salat magrib)를 행하는 시간입니다. 지평선에 노을이 안 보일 때부터 다음 날 새벽 기도시간 전까지는 마지막 기도(salat isya)를 하는 시간입니다.

이슬람교 신자들은 하루에 다섯 번 기도를 하므로 회사마다 기도실이 주로 마련되어 있습니다. 또한, 금요일 정오에 이슬람교 사원(masjid)에 가서 함께 예배를 드려야 하므로 금요일 점심시간이 다른 날보다 길어지고 하교 시간도 더 빠릅니다.

Pelajaran

08

Warna Mobil Saya Merah Tua

제 자동차의 색깔은 짙은 빨간색입니다

학습내용: Isi Pelajaran

- 어휘 : 색깔, 맛, 날씨, 성격과 인상
- 표현과 문법 : apa와 bagaimana 의문문, 형용사의 쓰임
- 회화 : 자동차의 색깔이 무엇입니까?
- 읽기 : 일기 예보

MP3 **08-1**

Apa warna rumah kamu?

Warna rumah saya putih.

MP3 **08-2**

Bagaimana rasa kimchi?

Rasa kimchi asam dan pedas.

MP3 **08-3**

Bagaimana cuaca hari ini?

Hari ini cerah dan panas.

MP3 **08-4**

Bagaimana Martono?

Martono tinggi, gemuk, dan ramah.

색깔 · Warna

merah	빨간색	ungu	보라색
oranye = jingga	주황색, 오렌지색	gading	상아색
kuning	노란색	cokelat	갈색
hijau	녹색	abu-abu	회색
biru	파란색	hitam	검은색
nila	자주색	putih	하얀색

한국어와 달리 인도네시아어에는 색깔을 표현하는 말이 많지 않습니다. 원색보다 더 밝거나 연한 색이면 muda란 말을 붙여서 표현하며, 더 어둡거나 짙은 색이면 tua란 말을 붙여서 표현합니다.

merah muda	분홍색	merah tua	짙은 빨간색
biru muda	하늘색	biru tua	곤색, 남색

맛 · Rasa

manis	달다	asin	짜다
pahit	쓰다	getir	아리다, 얼얼하다
pedas	맵다	asam	시다
gurih	감칠맛이 나다	hambar	싱겁다, 밍밍하다
tawar	아무 맛도 안 나다	enak	맛있다
sepat	떫다	tidak enak	맛없다

한국에서 '느끼하다'와 '비리다'는 맛을 설명할 때 많이 사용합니다. 그러나 인도네시아어에서는 음식이 느끼할 때 기름기가 있거나 기름지다는 표현을 동사로 표현합니다. 그리고 음식이 비릴 경우 'amis'라고 표현하지만 '맛이 비리다'의 의미가 아닌 '냄새가 비리다'의 뜻입니다.

Makanan ini berminyak.	이 음식은 기름기가 있습니다.
Ikan itu amis.	그 생선은 (냄새가) 비립니다.

날씨 · Cuaca

cerah	맑다	hujan turun	비가 내리다
berawan	구름이 끼다	bersalju	눈이 내리다
mendung	흐리다	berangin	바람이 불다
panas	덥다	berkabut	안개가 끼다
dingin	춥다	hangat	따뜻하다
lembap	습하다	sejuk	시원하다

성격과 인상 · Sifat dan Penampilan

baik	좋다	jahat	나쁘다, 악하다
baik hati	착하다	galak	엄격하다, 사납다, 화를 잘 내다
ramah	친절하다	dingin	불친절하다, 차갑다, 냉정하다
murah hati	잘 베풀다, 손이 크다	pelit	인색하다, 구두쇠
lembut	부드럽다	kasar	거칠다
rajin	부지런하다, 열심히 하다	malas	게으르다
cantik	예쁘다	jelek	못생겼다
tampan	잘생겼다	buruk	
muda	어리다, 젊다	tua	나이 들다, 늙다
tinggi	키가 크다	pendek	키가 작다
gemuk	통통하다	langsing	날씬하다

☀️ **Tip** | buruk의 다른 의미

buruk는 jelek와 같이 '못생겼다'의 의미로 보통 사용되지만, 가끔 "날씨가 안 좋습니다."의 경우에 '안좋다'의 의미로 사용되기도 합니다.

   Cuaca hari ini buruk.   오늘 날씨가 안 좋습니다.

apa와 bagaimana 의문문

앞에서 우리는 맛, 색깔, 날씨 그리고 사람의 성격에 대해 알아보았습니다. 인도네시아어의 색깔은 명사이기 때문에 '무슨 색깔'이라고 하는 것이 맞습니다. 2과에서 배웠듯이 '무엇, 무슨' 또는 '어떤'의 뜻을 나타내는 인도네시아어 의문사는 바로 apa입니다. 색깔에 대해 물어볼 때는 다음과 같습니다.

Apa warna mobil kamu?	당신의 자동차 색깔은 무엇입니까?
Warna mobil saya hitam.	나의 자동차 색깔은 검은색입니다.
Apa warna langit?	하늘의 색깔은 무엇입니까?
Warna langit biru muda.	하늘의 색깔은 연한 파란색입니다.
Apa warna buku Tina?	띠나의 책 색깔이 무엇입니까?
Warna buku Tina hijau tua.	그녀의 책 색깔은 짙은 녹색입니다.

그리고 맛과 날씨, 사람의 성격과 인상은 주로 형용사이기 때문에 '어때요?'라는 뜻의 의문사 bagaimana를 사용해야 합니다.

Bagaimana rasa mi instan?	라면의 맛이 어떻습니까?
Rasa mi instan asin dan pedas.	라면의 맛이 짜고 맵습니다.
Bagaimana cuaca hari ini?	오늘의 날씨는 어떻습니까?
Cuaca hari ini cerah dan sejuk.	오늘의 날씨는 맑고 시원합니다.
Bagaimana Chul Soo?	철수는 어떻습니까?
Chul Soo baik hati, ramah, dan tampan.	철수는 착하고 친절하고 잘생겼습니다.

형용사의 쓰임 · Pemakaian Kata Sifat

동사와 명사 외에도 형용사는 인도네시아어 문장의 서술어가 될 수 있습니다. 인도네시아어 형용사는 문장에서 영어처럼 to be, 즉 adalah 동사와 함께 들어가지 않습니다. 인도네시아어 형용사는 한국어와 같이 단독으로 문장의 서술어가 됩니다.

```
┌─────────────────────────────┐
│        명사  + 형용사         │
│        주어      서술어        │
└─────────────────────────────┘
```

Rasa kopi ini **pahit**.	이 커피의 맛은 씁니다.
Hari ini **panas**.	오늘은 덥습니다.
Anak saya **cantik dan baik**.	제 딸은 예쁘고 착합니다.
Martono **tinggi, gemuk, dan ramah**.	마르토노는 키가 크고, 통통하고, 친절합니다.

한편 형용사는 명사를 수식하는 경우에 똑같이 명사 뒤에 옵니다. 다만 앞의 명사가 주어가 되고 형용사가 서술어가 되는 경우 주로 명사 뒤에 정관사의 역할을 하는 지시사 ini 또는 itu 또한 소유자 또는 다른 부연 설명이 같이 나옵니다.

● 명사구

cuaca	+	cerah	=	cuaca cerah	맑은 날씨
orang	+	jahat	=	orang jahat	악한 사람/나쁜 사람
kopi	+	panas	=	kopi panas	뜨거운 커피
anak	+	cantik	=	anak cantik	예쁜 아이

● 문장

Cuaca **hari ini** cerah.	오늘 날씨는 맑습니다.
Orang **itu** jahat.	저 사람은 악합니다.
Kopi **ini** panas.	이 커피는 뜨겁습니다.
Anak **Anda** cantik.	당신의 아이는 예쁩니다.

Apa Warna Mobil Kamu?

Sophie　　　Martono. Kamu punya mobil?

Martono　　Ya. Saya punya satu unit mobil.

Sophie　　　Apa warna mobil kamu?

Martono　　Warna mobil saya merah tua. Kamu juga punya mobil?

Sophie　　　Tidak. Saya punya sebuah sepeda.

Martono　　Apa warna sepeda kamu itu?

Sophie　　　Warna sepeda saya putih dan hitam.

Martono　　Lain kali ayo kita bersepeda kalau cuaca cerah.

자동차의 색깔이 무엇입니까?

소피	마르토노. 차를 가지고 있어?
마르토노	응. 나는 차 한 대를 가지고 있어.
소피	차의 색깔이 뭐야?
마르토노	내 차의 색깔은 짙은 빨간색이야. 너도 차가 있어?
소피	아니. 난 자전거를 가지고 있어.
마르토노	그 자전거의 색깔은 뭐야?
소피	내 자전거의 색깔은 흰색과 검은색이야.
마르토노	다음에 날씨가 맑으면 같이 자전거를 타자.

새 단어 · Kosakata Baru

ayo	~하자 (청유 감탄사)	lain kali	다음에
bersepeda	자전거를 타다	unit	대 (수량사)

1. 다음 그림의 세계 날씨를 참고하여 질문에 답해 보세요.

(1) Bagaimana cuaca Seoul besok?

→ _____

(2) Bagaimana cuaca Jakarta besok?

→ _____

(3) Bagaimana cuaca Berlin besok?

→ _____

(4) Bagaimana cuaca Moskow besok?

→ _____

(5) Bagaimana cuaca Sydney besok?

→ _____

2. 다음 제시어를 알맞게 배열하여 올바른 문장으로 완성해 보세요.

(1) kimchi – pedas – rasa – asam – dan

→ _____

(2) besok lusa – dan – dan – panas – cuaca – besok – lembap

→ _____

(3) laki-laki – tinggi – tampan – itu – dan – ramah

→ _____

(4) cuaca – hari ini – di – bagaimana – dan – Jakarta – besok

→ _____

(5) warna – Anda – pagar – apa – rumah

→ _____

3. 녹음을 듣고 빈칸을 채워 보세요.   ⊙ MP3 08-6

Sophie   : _____ kamu bagus juga, Martono.

Martono : Terima kasih. Omong-omong cuaca hari ini _____, ya?

Sophie   : Iya, tetapi hari ini _____.

Martono : Kamu mau minum Teh Botol dingin?

Sophie   : _____ rasa Teh Botol?

Martono : Hmm. Rasa Teh Botol _____ dan agak _____.

Sophie   : Boleh. Ayo kita minum Teh Botol dingin.

Martono : Ayo.

다음 글을 읽어 보세요. MP3 **08-7**

Prakiraan Cuaca

　　Hari ini Indonesia bagian barat berawan dan hujan. Curah hujan di Pulau Sumatera lebih tinggi daripada curah hujan di Pulau Jawa. Di Pulau Kalimantan tidak hujan, tetapi sangat lembap. Indonesia bagian tengah cerah dengan suhu udara di Bali, Nusa Tenggara Barat, dan Nusa Tenggara Timur 28 derajat celcius. Suhu udara di Pulau Sulawesi kira-kira 32 derajat celcius. Cuaca Indonesia bagian timur mendung. Suhu udara sekitar 28 derajat celcius.

단어 bagian 부분　　curah hujan 강우량　　daripada ~보다　　lebih 더　　prakiraan cuaca 일기 예보　　sangat 아주
suhu udara 기온　　tinggi 높다

인도네시아의 기후와 날씨

인도네시아는 적도에 위치하기 때문에 열대 지방의 기후와 날씨를 가지고 있습니다. 대부분의 한국 사람들은 인도네시아 날씨는 한국 여름과 같다고 생각하지만, 실제로는 많이 다릅니다. 물론 섬나라이기 때문에 곳곳마다 기후와 날씨가 다르지만 일반적으로 습도가 65~90%입니다. 평균 온도는 29℃이고 고산지대 같은 경우에는 더 낮습니다.

인도네시아의 낮은 덥다기보다는 뜨겁다고 표현하는 것이 더 적절합니다. 반면 아침과 밤이 되면 선선한 바람이 불어 밖에 돌아다닐 때 긴 소매 옷을 많이 입으며 심지어 바람막이까지 입습니다. 그 이유는 인도네시아의 산은 대부분 육지 가운데에 있고 옆에서 보면 방패 모양과 비슷합니다. 낮에는 바다보다 육지가 더 빨리 뜨거워져 바람이 바다로부터 육지 안으로 불어 낮의 기온이 올라갑니다. 반면에 저녁에는 육지가 더 빨리 식고 산바람이 바다로 불어 내려와서 밤 기온이 내려가 시원해지는 것입니다. 가장 재미있는 것은 뜨거운 낮에도 인도네시아 사람들은 다른 동남아시아 사람들처럼 긴 소매 옷과 심지어 외투까지 챙겨 입는다는 것인데, 이는 바로 피부를 햇볕으로 보호하기 위한 것입니다.

Kemeja Itu Bagus

그 와이셔츠는 좋습니다

학습내용: Isi Pelajaran

- 어휘 : 의류, 반의어
- 표현과 문법 : 형용사의 부사, 비교
- 회화 : 이 와이셔츠는 저 와이셔츠보다 더 예쁩니다
- 읽기 : 나의 친한 친구

MP3 **09-1**

Bagaimana rok itu?

Rok ini terlalu besar.

MP3 **09-2**

Bagaimana bahasa Indonesia?

Bahasa Indonesia lebih mudah daripada bahasa Prancis.

MP3 **09-3**

Siapa paling cantik di kelas ini?

Ibu Siti paling cantik di kelas ini.

MP3 **09-4**

Siapa lebih tua? Kamu atau Lidya?

Lidya sama tua dengan saya.

의류 · Pakaian

kemeja
와이셔츠

jin
청바지

singlet
러닝셔츠

ikat pinggang
벨트/허리띠

topi
모자

jas
재킷

rok
치마

blazer
블레이저

beha
브래지어

jaket
점퍼/바람막이

sarung tangan
장갑

celana
바지

celana pendek
반바지

celana dalam
팬티

kaus kaki
양말

dasi
넥타이

blus
블라우스

rok mini
미니스커트

gaun
드레스

kimono
가운

syal
숄

mantel
코트/외투

반의어 · Lawan Kata

bagus	좋다, 예쁘다	⇔	jelek	나쁘다, 못생겼다
tua	오래되다, 낡다	⇔	baru	새롭다
besar	크다	⇔	kecil	작다
panjang	길다	⇔	pendek	짧다
tinggi	높다	⇔	rendah	낮다
banyak	많다	⇔	sedikit	적다
sempit	좁다	⇔	lebar	(폭이) 넓다
sempit	좁다	⇔	luas	(면적이) 넓다
dekat	가깝다	⇔	jauh	멀다
terang	밝다	⇔	gelap	어둡다
mahal	비싸다	⇔	murah	싸다
susah	어렵다	⇔	mudah	쉽다
berat	무겁다	⇔	ringan	가볍다
bersih	깨끗하다	⇔	kotor	더럽다
rapi	정리되다, 깔끔하다	⇔	berantakan	어지럽다, 어수선하다
cepat	빠르다	⇔	lambat	느리다

형용사의 부사 · Adverbia Adjektiva

인도네시아어는 일반적으로 수식해 주는 말은 수식을 받는 말 뒤에 옵니다. 그러나 수식을 받는 말이 형용사인 경우 어순이 완전히 다릅니다. 형용사를 꾸며주는 부사는 주로 형용사 앞에 옵니다. 형용사를 수식해 주는 부사는 어떤 것들이 있는지 다음 예문을 통해 살펴봅시다.

kurang	덜		kurang panjang	덜 길다
lebih	더		lebih panjang	더 길다
agak	약간		agak panjang	약간 길다
cukup	꽤, 충분히	+ panjang 길다	cukup panjang	꽤 길다
sangat	아주		sangat panjang	아주 길다
terlalu	너무		terlalu panjang	너무 길다
paling	가장		paling panjang	가장 길다
sama	똑같이		sama panjang	똑같이 길다

그러나 구어체에서는 순서가 반대인 부사가 있습니다. sekali는 '아주'라는 뜻의 sangat과 같은 뜻을 가지지만, 수식을 받는 형용사 뒤에 옵니다.

sangat 아주   +   banyak 많다   =   sangat banyak   아주 많다
banyak 많다   +   sekali 아주   =   banyak sekali   아주 많다

비교 · Perbandingan

두 대상을 비교할 때는 앞에서 배운 형용사의 부사를 활용해서 만들 수 있습니다. 우선 부사 lebih 과 전치사 daripada를 사용하여 'A가 B보다 더 ~하다'의 문장을 구성합니다. 전치사 daripada는 한국어 조사인 '~보다'와 같습니다.

A lebih 형용사 daripada B.

Rok itu lebih **mahal** daripada rok ini.   저 치마는 이 치마보다 더 비쌉니다.
Siti lebih **tua** daripada Martono.   시띠는 마르토노보다 나이가 더 많습니다.
Sophie lebih **cantik** daripada Tina.   소피는 띠나보다 더 예쁩니다.

동급의 표현을 할 때는 부사 sama와 전치사 dengan을 사용하여 문장을 구성합니다. 또한 형용사 앞에 부사 sama 대신에 접미사 se-를 사용하면 전치사 dengan을 사용하지 않아도 됩니다.

A sama 형용사 dengan B. / A se형용사 B.

Nasi goreng itu sama **pedas** dengan sate ini.   저 볶음밥은 이 꼬치만큼 맵습니다.
Nasi goreng itu se**pedas** sate ini.

Adik saya sama **tua** dengan dia.   우리 동생은 그와 같은 나이입니다.
Adik saya se**tua** dia.

Tina sama **ramah** dengan Lidya.   띠나는 리디아만큼 친절합니다.
Tina se**ramah** Lidya.

최상급의 표현은 부사 paling과 형용사 뒤에 필요할 경우 부연 설명을 추가하면 됩니다.

A paling 형용사 (di/di antara ~).

Kemeja itu paling **bagus dan murah** di sini.   저 남방은 여기서 가장 좋고 저렴합니다.
Lampu ini paling **terang** di ruangan ini.   이 조명은 이 방에서 가장 밝습니다.
Saya paling **tinggi** di antara kami.   나는 우리 중에서 가장 키가 큽니다.

Kemeja Ini Lebih Bagus daripada Kemeja Itu

Chul Soo   Tina! Lihat ini!

Tina   Wah! Kemeja itu bagus!

Chul Soo   Kalau kemeja itu?

Tina   Coraknya bagus, tetapi kemeja ini lebih bagus daripada kemeja itu.

Chul Soo   Apakah kemeja ini mahal?

Tina   Menurut saya tidak.

        Baju di toko ini lebih murah daripada di toko lain.

Chul Soo   Saya juga suka celana itu.

Tina   Oh! Celana itu jelek.

이 와이셔츠는 저 와이셔츠보다 더 예쁩니다

철수	띠나야! 이거 봐!
띠나	우와! 그 와이셔츠 예쁘다!
철수	저 와이셔츠는 어때?
띠나	무늬는 예쁜데, 이 와이셔츠가 저 와이셔츠보다 더 예뻐.
철수	이 와이셔츠 비싸?
띠나	내 생각에는 비싸지 않은 것 같아.
	이 가게의 옷들은 다른 가게의 옷보다 더 저렴해.
철수	난 저 바지도 좋아.
띠나	아! 저 바지는 별로야.

새 단어 · Kosakata Baru

corak	무늬	menurut	~에 따르면, ~의 생각에
lain	다른	Oh!	아!, 이런! (유감을 나타내는 감탄사)
Lihat!	봐라!	toko	가게

1. 다음 그림을 보고 비교해 보세요.

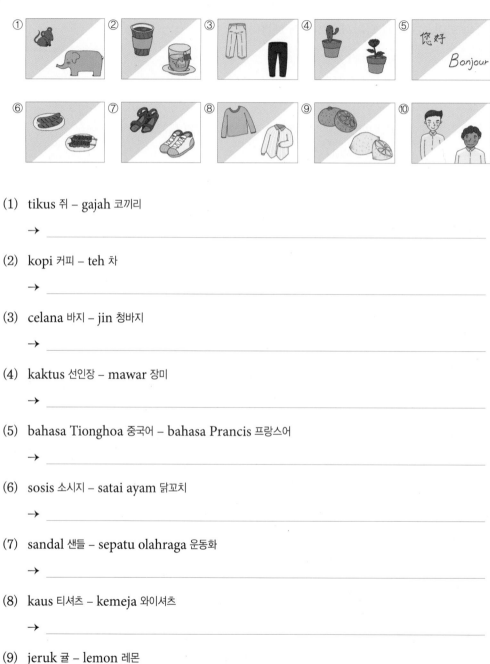

(1) tikus 쥐 – gajah 코끼리

  → _____

(2) kopi 커피 – teh 차

  → _____

(3) celana 바지 – jin 청바지

  → _____

(4) kaktus 선인장 – mawar 장미

  → _____

(5) bahasa Tionghoa 중국어 – bahasa Prancis 프랑스어

  → _____

(6) sosis 소시지 – satai ayam 닭꼬치

  → _____

(7) sandal 샌들 – sepatu olahraga 운동화

  → _____

(8) kaus 티셔츠 – kemeja 와이셔츠

  → _____

(9) jeruk 귤 – lemon 레몬

  → _____

(10) Chul Soo 철수 – Martono 마르토노

  → _____

2. 다음 제시어를 알맞게 배열하여 올바른 문장으로 완성해 보세요.

(1) di – cuaca – terlalu – Jakarta – panas

→ _____

(2) paling – adalah – kamu – cantik – di – wanita – dunia

→ _____

(3) mudah – bahasa – bahasa – Jepang – Inggris – daripada – lebih

→ _____

(4) saya – sepatu – sama – bagus – mahal – sepatu – dan – dia – dengan

→ _____

(5) lebih – Amerika Serikat – jauh – Inggris – daripada

→ _____

3. 녹음을 듣고 빈칸을 채워 보세요.   🎧 MP3 **09-6**

Tina   : Chul Soo! _____ kamu bagaimana terusan ini?

Chul Soo : Wah! Terusan itu _____ cantik dan manis.

Tina   : Kamu yakin?

Chul Soo : Ya. Warna kuning _____ cocok untuk kamu.

Tina   : Ah, masa?

Chul Soo : Iya. _____ terusan itu _____ cocok.

Tina   : Kalau begitu saya ambil terusan ini.

Chul Soo : Tapi harga terusan itu _____ mahal.

Tina   : Tidak apa-apa. Saya juga suka terusan ini.

Membaca · 읽기

다음 글을 읽어 보세요. MP3 **09-7**

Sahabat Baik Saya

Nama saya Dwi Martono. Panggil saya Martono. Saya adalah mahasiswa pascasarjana Universitas Jakarta. Saya berumur 29 tahun dan tinggal di Jakarta, Indonesia. Saya gemuk, lumayan tinggi, berambut ikal, dan berkulit gelap.

Perkenalkan, ini sahabat baik saya, Budi Susanto. Panggil dia Budi. Budi dan saya sama-sama kuliah di program pascasarjana Universitas Jakarta. Budi 1 tahun lebih muda daripada saya, tetapi dia lebih dewasa daripada saya. Budi juga lebih langsing daripada saya, tetapi sama tinggi dengan saya. Dia berambut lurus dan berkulit segelap saya. Budi belum punya pacar. Apakah Anda berminat untuk berkenalan dengan Budi?

 berambut 머리카락을 가지다　　**berkulit** 피부를 가지다　　**berminat** 관심을 가지다　　**dewasa** 성인, 성숙하다
ikal 곱슬머리, 고수머리　　**lumayan** 꽤, 그런대로 괜찮다　　**pacar** 애인　　**panggil** 부르라('부르다'의 명령형)　　**sahabat** 벗, 친구
sama 같다　　**sama-sama** (모두) 동일하게, 똑같이　　**untuk** ~을 위해

바틱(Batik)

'바틱(Batik)'은 사실 전통적으로 원단에 무늬를 그려 색을 입히는 기술을 뜻하지만, 그 기술로 만들어진 원단과 의상을 의미하기도 합니다. 바틱은 와이셔츠나 드레스, 치마 등으로 만들기도 합니다. 현재 바틱은 회사와 학교 유니폼으로 많이 입습니다.

가장 간편한 예복인 바틱은 중요한 행사나 결혼식 등이 있을 때, 또는 더운 날씨로 인해 정장이 부담스러울 경우, 면 소재로 되어 있는 시원한 바틱 옷을 자주 입습니다. 또한, 직장이나 나들이용으로도 무난해 자주 입습니다.

바틱 매장은 인도네시아의 쇼핑몰과 백화점, 재래시장 등에서 쉽게 구할 수 있으며, 다양한 민족들의 전통 무늬들로 되어 있어 고르는 재미도 있습니다.

한 가지 주의해야 할 점은 장례식등에 갈 때는 바틱을 입지 않는 것이 좋습니다. 그 이유는 장례식같은 슬픈 자리에 참석할 때는 무늬가 없는 하얀색 옷을 입기 때문입니다. 바틱은 무늬가 화려해서 장례식보다는 결혼식이나 졸업식 자리에 더 적합합니다. 특히 금색 무늬가 있는 perada 바틱이 가장 아름답습니다.

Chul Soo Bukan Mahasiswa

철수는 대학생이 아닙니다

학습내용: Isi Pelajaran

- 어휘   : 과일, 동물
- 표현과 문법 : tidak과 bukan 부정사, apakah 가부의문문
- 회화   : 그것은 커피입니까?
- 읽기   : 인도네시아어를 공부하기

MP3 **10-1**

Bagaimana rasa durian ini, Pak?

Rasa durian ini sangat manis dan enak.

MP3 **10-2**

Apakah rasa jeruk itu asam?

Tidak, rasa jeruk ini tidak asam.

MP3 **10-3**

Apakah itu anjing kamu?

Bukan, anjing ini bukan anjing saya.

MP3 **10-4**

Apakah Sophie suka pepaya?

Tidak, Sophie tidak suka pepaya.

과일 · Buah-Buahan

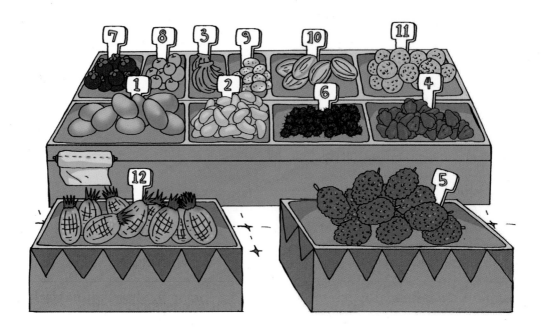

①	pepaya	파파야	⑦	manggis	망고스틴
②	mangga	망고	⑧	apel	사과
③	pisang	바나나	⑨	jeruk	귤
④	jambu	잠부	⑩	belimbing	카람볼라
⑤	durian	두리안	⑪	srikaya	스리까야
⑥	rambutan	람부탄	⑫	nanas	파인애플

동물 · Binatang

anjing 개	kucing 고양이	tikus 쥐	ayam 닭
sapi 소	kambing 염소	babi 돼지	bebek 오리
ikan 생선(물고기)	burung 새(조류)	kelinci 토끼	ular 뱀
gajah 코끼리	singa 사자	macan 호랑이	nyamuk 모기

tidak과 bukan 부정사

인도네시아어의 부정사는 대표적으로 tidak과 bukan이 있습니다. 인도네시아어의 부정사는 서술어구에서 가장 맨 앞 자리에 위치합니다. 부정사는 조동사 앞에 위치하는 것이 원칙으로 14과에서 조동사를 자세히 다루겠습니다.

tidak은 동사와 형용사를 부정하는 부정사이고 한국어의 '안 ~하다' 또는 '~지 않다'와 같습니다.

tidak + 동사/형용사

Sophie tidak tinggal di Bandung.	소피는 반둥에 살지 않습니다.
Orang itu tidak datang ke sini.	저 사람은 여기에 안 왔습니다.
Anjing tidak hidup di air.	개는 물속에 살지 않습니다.
Chul Soo tidak jahat dan tidak galak.	철수는 나쁘지 않고 엄격하지도 않습니다.
Kopi itu tidak pahit, tetapi panas.	저 커피는 안 쓰지만 뜨겁습니다.
Rasa durian sangat tidak enak.	두리안의 맛은 매우 안 좋습니다.

한편, bukan은 명사를 부정하는 부정사이고 한국어의 '~이/가 아니다'와 같습니다. bukan은 adalah와 함께 쓰지 않습니다. 또한 tidak adalah라는 표현도 안 씁니다.

bukan + 명사

Chul Soo bukan mahasiswa.	철수는 대학생이 아닙니다.
Wortel bukan buah-buahan.	당근은 과일이 아닙니다.
Manusia bukan binatang.	사람은 동물이 아닙니다.
Ibu itu bukan ibu saya.	저 여자는 우리 어머니가 아닙니다.
Chul Soo bukan adalah mahasiswa.	(X)
Wortel bukan adalah buah-buahan.	(X)
Manusia tidak adalah binatang.	(X)
Ibu itu tidak adalah ibu saya.	(X)

apakah 가부의문문

새로운 정보를 요구하는 siapa, apa, mana, bagaimana 등과 같은 의문사를 사용하는 의문문 외에 '네' 또는 '아니오'의 대답을 요구하는 의문문이 있습니다. 이러한 의문문의 어순은 그대로지만 앞에 apakah를 붙입니다. 구어체에서는 주로 apakah를 안 붙이는 대신에 문장 끝을 올리면 됩니다.

Apakah kamu membaca buku?	→	Kamu membaca buku ↗?
Apakah buku Budi baru?	→	Buku Budi baru ↗?
Apakah Anda orang Korea?	→	Anda orang Korea ↗?

위와 같은 가부의문문의 답으로 '네'는 'ya'라고 하면 되지만 '아니오'는 경우에 따라 다릅니다. 문장의 서술어가 동사나 형용사인 경우 tidak이라 하고, 명사인 경우 bukan이라 합니다. 이것은 바로 동사와 형용사의 부정사는 tidak이고 명사의 부정사는 bukan이기 때문이며, '아니오'라고 대답할 때 부정사와 일치하게 대답해야 합니다. 대답을 할 때 뒤에 부정문이 안 나오거나 틀린 정보를 바로 고치더라도 '아니오'는 그대로 서술어에 따릅니다.

Apakah kamu membaca buku?
책을 읽습니까?

    Ya, saya membaca buku.
네, 책을 읽습니다.

    Tidak, saya **tidak** membaca buku.
아니오, 책을 읽지 않습니다.

    Tidak, saya membaca koran.
아니오, 신문을 읽습니다.

Apakah rasa rambutan itu manis?
저 람부탄의 맛은 달콤합니까?

    Ya, rasa rambutan ini manis.
네, 이 람부탄의 맛은 달콤합니다.

    Tidak, rasa rambutan ini **tidak** manis.
아니오, 이 람부탄의 맛은 달콤하지 않습니다.

    Tidak, rasa rambutan ini sepat.
아니오, 이 람부탄의 맛은 떫습니다.

Apakah Anda orang Korea?
당신은 한국 사람입니까?

    Ya, saya orang Korea.
네, 저는 한국 사람입니다.

    Bukan, saya **bukan** orang Korea.
아니오, 저는 한국 사람이 아닙니다.

    Bukan, saya orang Jepang.
아니오, 저는 일본 사람입니다.

Apakah Itu Kopi?

Tina	Sophie. Apakah itu kopi?
Sophie	Bukan, ini bukan kopi. Ini teh.
Tina	Kamu tidak suka kopi?
Sophie	Tidak, saya tidak suka kopi. Saya lebih suka teh.
Tina	Apakah kamu suka juga jus jeruk?
Sophie	Ya, saya suka jus jeruk. Kamu?
Tina	Tidak. Jus jeruk terlalu manis untuk saya.
Sophie	Kamu suka jus apa?
Tina	Saya suka jus tomat atau wortel.
Sophie	Jus wortel? Bagaimana rasanya?

그것은 커피입니까?

띠나	소피야. 그것은 커피야?
소피	아니, 이것은 커피가 아니야. 이것은 홍차야.
띠나	넌 커피를 안 좋아해?
소피	응, 난 커피를 안 좋아해. 난 홍차가 더 좋아.
띠나	혹시 오렌지 주스를 좋아해?
소피	응, 난 오렌지 주스를 좋아해. 너는?
띠나	아니. 오렌지 주스는 내게 너무 달아.
소피	무슨 주스를 좋아해?
띠나	난 토마토나 당근 주스를 좋아해.
소피	당근 주스? 무슨 맛이야?

새 단어 · Kosakata Baru

bagaimana	어떠한가, 어떻게 (의문사)	tomat	토마토
jus	주스, 즙	wortel	당근

1. 다음 그림을 참고하여 질문에 알맞은 답을 써 주세요.

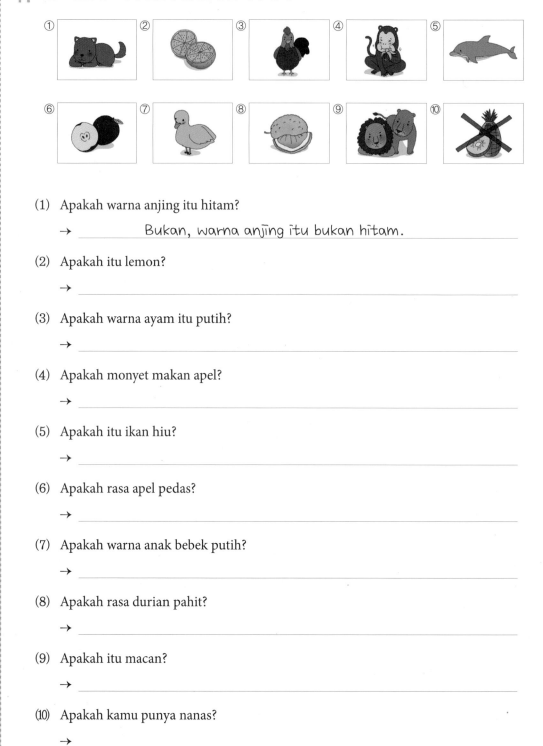

(1) Apakah warna anjing itu hitam?

→ _____ Bukan, warna anjing itu bukan hitam._____

(2) Apakah itu lemon?

→ _____

(3) Apakah warna ayam itu putih?

→ _____

(4) Apakah monyet makan apel?

→ _____

(5) Apakah itu ikan hiu?

→ _____

(6) Apakah rasa apel pedas?

→ _____

(7) Apakah warna anak bebek putih?

→ _____

(8) Apakah rasa durian pahit?

→ _____

(9) Apakah itu macan?

→ _____

(10) Apakah kamu punya nanas?

→ _____

2. 다음 제시어를 알맞게 배열하여 올바른 문장으로 완성해 보세요.

(1) rambutan – manis – apakah – sangat – rasa

→ _____

(2) bukan – pria – paling – ganteng – di – dia – sini

→ _____

(3) mudah – sama – bahasa – Indonesia – bahasa – dengan – tidak – Inggris

→ _____

(4) saya – ibu – saya – bukan – nenek – ayah

→ _____

(5) kurang – kami – buah-buahan – suka

→ _____

3. 녹음을 듣고 빈칸을 채워 보세요.   🔊 MP3 10-6

Chul Soo   : Tina! Saya dengar kamu suka jus _____.

Tina   : Ya, kenapa?

Chul Soo   : Rasa jus _____ tidak pahit?

Tina   : Tidak. Rasanya segar dan _____ manis.

Chul Soo   : Tidak amis?

Tina   : Tidak. Baunya _____ sekali.

Chul Soo   : Saya rasa saya tidak akan suka.

Tina   : Itu jus semangka?

Chul Soo   : _____, ini jus stroberi.

다음 글을 읽어 보세요.   MP3 **10-7**

Belajar Bahasa Indonesia

Nama saya Sophie dan saya adalah seorang mahasiswa pertukaran dari Universitas Paris. Saya tidak berasal dari Paris, tetapi saya kuliah di Paris. Sekarang saya sedang belajar bahasa Indonesia di Universitas Jakarta. Saya tidak tinggal di Jakarta. Saya sekarang tinggal di indekos di Margonda, Depok.

Saya belajar bahasa Indonesia setiap hari Senin hingga hari Jumat. Saya tidak belajar bahasa Indonesia di kampus pada akhir minggu, tetapi saya belajar bahasa Indonesia di rumah atau di kafe bersama teman saya, Martono. Martono bukan mahasiswa S-1, melainkan mahasiswa S-2 di Universitas Jakarta. Saya senang belajar bahasa Indonesia dengan Martono.

 akhir minggu 주말   **hingga** ~까지   **melainkan** ~ 반면에, ~가 아니라   **sedang** ~고 있다, ~하는 중   **setiap** ~마다, 매 ~
S-1 학사   **S-2** 석사

tidak과 kurang의 어감 차이

인도네시아는 300개 이상의 민족으로 구성되어있습니다. 그 민족 중에서 자바(Jawa) 민족은 42% 이상이기 때문에 일반적으로 인도네시아의 문화는 자바 문화가 좌우하고 있습니다. 예를 들자면 어떤 못생긴 여자를 보고 '저 여자는 여성스럽지만, 남자들의 스타일이 아닌 것 같다.'와 같은 기분이 나쁘지 않도록 또는 직설적이지 않은 말을 자주 사용한다는 뜻입니다. 그러한 이유로 가끔 자바 민족 사람들은 일본 사람과 정서적으로 닮았다고 합니다.

의견을 낼 때 '아니다, 하지 않다'를 뜻하는 tidak을 잘 쓰지 않습니다. tidak은 강한 부정이기 때문에 남에게 의견을 낼 때 상대방의 마음을 생각해서 '덜하다'의 의미를 가진 kurang을 더 자주 사용합니다. 반면에 본인의 상태를 말할 때 kurang을 사용하면 충분히 강하지 않기 때문에 본인이 건강이 안좋다거나 어떤 것을 안 좋아한다고 할 때 tidak을 더 많이 씁니다. 다음 그림 속 대화를 살펴봅시다.

Martono Bertengkar dengan Sophie

마르토노는 소피와 싸웠습니다

학습내용: Isi Pelajaran

- 어휘 : 타동사와 자동사
- 표현과 문법 : 타동사문, 자동사문
- 회화 : 소피를 봤습니까?
- 읽기 : 철수와 나오미의 일상생활

MP3 **11-1**

 Ibu menggoreng apa?

Ibu menggoreng ikan di dapur.

MP3 **11-2**

 Kamu bertengkar dengan siapa?

Aku bertengkar dengan teman di sekolah.

MP3 **11-3**

 Kakak kenal orang itu?

Tidak, kakak tidak kenal orang itu.

MP3 **11-4**

 Kamu tidur jam berapa semalam?

Semalam aku tidur jam 12 malam.

인도네시아어의 낱말들은 대부분 어근과 접사의 결합으로 구성되는 이유로 'perkenalan, berkenalan, memperkenalkan, perkenalkan' 등과 같은 비슷한 낱말들이 많습니다.

인도네시아어 접사는 다양하고 각자의 기능을 가지고 있습니다. 접사의 종류와 기능에 대해 「The 바른 인도네시아어 Step 2」에서 더 자세히 배우겠습니다. 「New The 바른 인도네시아어 Step 1」에서는 일반적으로 많이 쓰이는 'me- 접두사, ber- 접두사, 어근 동사'에 대해 배우겠습니다.

일반적으로 me- 접두사는 '타동사', ber- 접두사는 '자동사'를 형성합니다. 그 외에 접사 없이 어근 그대로 사용되는 동사들이 있습니다.

me- 접두사 타동사

menggoreng	볶다, 굽다, 튀기다	membeli	사다, 구매하다
merebus	삶다, 대치다	menjual	팔다, 판매하다
membakar	(직화로) 굽다, 태우다	membaca	읽다
menumis	살짝 볶다	memukul	때리다
memotong	자르다	melihat	보다
mengiris	썰다, 베다	memiliki	가지다, 소유하다
memasak	요리하다, 조리하다	membuka	열다
membuat	만들다	menutup	닫다

ber- 접두사 자동사

berjalan	걷다, 작동하다, 진행되다	berapat	회의하다
berdiri	서다, 설립하다	bertemu	만나다
berlari	달리다	berbelanja	장을 보다, 쇼핑하다
bernyanyi	노래하다	berdagang	사업하다, 장사하다
bekerja	일하다	berteman	친구를 사귀다
belajar	공부하다	berkenalan	알게 되다, 인사하다
bermain	놀다, 연주하다, 치다, 하다	bertengkar	싸우다, 다투다
berjalan-jalan	산책하다, 놀러 가다	berdandan	화장하다

어근 타동사

makan	먹다	minum	마시다
ingat	기억하다	lupa	잊다
tahu	알다	kenal	(사람 따위) 알다
minta	요청하다	ikut	따르다, 따라가다
mau	원하다	lewat	지나다
suka	좋아하다	benci	증오하다, 싫어하다

어근 자동사

buka	문열다, 열리다, 영업하다	tutup	문닫다, 닫히다, 휴업하다
tidur	자다	bangun	일어나다, 일어서다
keluar	나가다, 나오다	masuk	들어가다, 들어오다
datang	오다	pergi	가다
pulang	(집 따위에) 돌아가다, 귀가하다	kembali	(제자리로) 돌아가다
naik	올라가다	turun	내려가다, 내려오다
lahir	태어나다	mati	죽다
jatuh	떨어지다	terbang	날다

앞에서 배운 내용처럼 'me- 접두사 타동사', 'ber- 접두사 자동사'를 형성한다는 것을 배웠습니다. 그러나 이 외에도 menangis(울다), mengantuk(졸다), menari(춤추다), menyanyi(노래하다) 등과 같이 자동사를 형성하는 me- 접두사 동사들도 있습니다. me- 접두사 자동사는 14과에서 자세히 알아보겠습니다. 한국어의 '멈추다'와 같이 동시에 타동사와 자동사로 쓸 수 있는 동사로 naik(올라가다)가 있습니다. naik는 위에서 자동사로 분류되지만 경우에 따라 타동사로 쓰기도 합니다.

[자동사]	Bus itu **naik** ke atas gunung.	저 버스는 산 위로 올라갑니다.
[타동사]	Kami **naik** bus ke sekolah.	우리는 버스를 타고 학교에 갑니다.

타동사문 · Kalimat Transitif

타동사문이란 문장의 서술어가 타동사, 즉 목적어가 나올 수 있는 동사가 포함된 문장을 의미합니다. 일반적으로 인도네시아어 타동사는 'me-' 접두사에 의해 구성됩니다. 그러나 앞에서 배운 것처럼 'me-' 접두사 없이 어근으로만 쓰이는 타동사도 있습니다.

$$\boxed{\text{주어 – 서술어(타동사) – 목적어}}$$

Ibu menggoreng ikan.	엄마는 생선을 굽습니다.
Saya membeli sebuah tas.	저는 가방을 샀습니다.
Kami menonton sebuah film.	우리는 영화를 봤습니다.
Mereka minta uang.	그들은 돈을 요구합니다.
Ayah tahu orang itu.	아빠는 그 사람을 압니다.
Siti kenal mahasiswa baru itu.	시띠는 그 신입생을 압니다.

몇몇의 어근 타동사는 조동사의 역할을 하기도 합니다. 이러한 타동사들은 명사뿐만 아니라 동사와 나올 수도 있습니다.

Saya mau jeruk.	저는 귤을 원합니다.	(동사)
Saya mau makan jeruk.	저는 귤을 먹고 싶습니다.	(조동사)
Ibu suka bunga.	엄마는 꽃을 좋아합니다.	(동사)
Ibu suka menggambar bunga.	엄마는 꽃을 그리는 것을 좋아합니다.	(조동사)

타동사문의 목적어에 대해 질문할 때 주로 의문사 apa를 사용합니다. 다만 목적어가 사람인 경우 siapa를 사용해야 합니다.

Anda makan apa?	당신은 무엇을 먹었습니까?
→ Saya makan nasi goreng.	저는 볶음밥을 먹었습니다.
Kakak memukul siapa?	형은 누구를 때렸습니까?
→ Kakak memukul adik.	형은 동생을 때렸습니다.

자동사문 · Kalimat Intransitif

자동사문이란 문장의 서술어가 자동사, 즉 목적어가 없는 동사가 포함된 문장을 의미합니다. 일반적으로 인도네시아어 자동사는 'ber-' 접두사에 의해 구성됩니다. 그러나 앞에서 배운 것처럼 'ber-' 접두사 없이 어근으로만 쓰이는 자동사도 있습니다. 자동사문은 보통 추가 설명의 역할과 더해 주는 부사어가 같이 따라옵니다.

> 주어 – 서술어(자동사) – 부사어

Ibu berbelanja di pasar.	엄마는 시장에서 장을 봤습니다.
Kami berjalan ke sekolah.	우리는 학교에 걸어서 갑니다.
Mereka kembali dari Busan.	그들은 부산에서 돌아왔습니다.
Ayah bangun pada jam 5 pagi.	아빠는 5시에 일어납니다.

부사어는 자동사문뿐만 아니라 타동사문에서도 나올 수 있습니다.

> 주어 – 서술어(타동사) – 목적어 – 부사어

Ibu menggoreng ikan di dapur.	엄마는 부엌에서 생선을 굽습니다.
Saya membeli sebuah tas di toko.	저는 가게에서 가방을 샀습니다.
Kami menonton sebuah film di bioskop.	우리는 영화관에서 영화를 봤습니다.

몇몇의 자동사는 뒤에 목적어가 따라와서 타동사처럼 보입니다. 그러나 다음과 같은 동사들은 자동사이기 때문에 뒤에 나오는 목적어와 같은 명사는 주로 '보어'라고 합니다. 목적어와 보어의 차이에 대해서는 Step 2에서 자세히 살펴보겠습니다.

> 주어 – 서술어(자동사) – 보어

Kami belajar bahasa Indonesia.	우리는 인도네시아어를 배웁니다.
Wanita itu bermain piano.	그 여자는 피아노를 연주합니다.
Kakek itu berdagang tas.	저 할아버지는 가방 장사를 합니다.

Kamu Melihat Sophie?

Martono	Tina, kamu melihat Sophie tadi siang?
Tina	Ya. Saya makan dengan Sophie dan Chul Soo tadi siang.
Martono	Kalian makan siang di mana?
Tina	Kami makan siang di kantin. Kenapa?
Martono	Apakah Sophie kembali ke kampus?
Tina	Tidak, Sophie langsung pulang ke rumah.
Martono	Dia pulang berjalan kaki?
Tina	Tidak, dia naik sepeda. Ada apa sebenarnya?
Martono	Kami bertengkar kemarin.
Tina	Ya, ampun! Kamu harus minta maaf.

소피를 봤습니까?

마르토노	띠나야, 아까 낮에 소피를 봤어?
띠나	응. 낮에 소피와 철수가 함께 점심을 먹었어.
마르토노	어디에서 먹었어?
띠나	구내식당에서 먹었어. 왜?
마르토노	소피는 학교에 돌아왔어?
띠나	아니, 소피는 바로 집으로 들어갔어.
마르토노	걸어서 갔어?
띠나	아니, 자전거를 타고 갔어. 도대체 무슨 일이야?
마르토노	우리는 어제 싸웠어.
띠나	어머나! 너는 용서를 빌어야겠네.

langsung	직접, 바로	sebenarnya	사실은, 도대체, 실제로
minta maaf	용서를 구하다	Ya, ampun!	세상에나!, 어머나!

1. 다음 문장을 한국어로 해석하고 맞는 그림과 맞춰 보세요.

ⓐ   ⓑ   ⓒ   ⓓ   ⓔ

ⓕ   ⓖ   ⓗ   ⓘ   ⓙ

(1) Ibu berjalan-jalan di taman. _____ _____

(2) Young Hee berbelanja di pasar. _____ _____

(3) Siti mengajar bahasa Indonesia. _____ _____

(4) Martono membeli kopi di kafe. _____ _____

(5) Rahmat suka berolahraga. _____ _____

(6) Saya naik kereta bawah tanah. _____ _____

(7) Chul Soo belajar di perpustakaan. _____ _____

(8) Dia masuk ke dalam rumah. _____ _____

(9) Sophie bermain piano. _____ _____

(10) Bapak guru keluar dari kelas. _____ _____

2. 다음 제시어를 알맞게 배열하여 올바른 문장으로 완성해 보세요.

(1) mau – mengiris – menumis – sayur – ibu – dapur – di – dan

→ _____

(2) Chul Soo – Sophie – berasal – Indonesia – tidak – dan – dari

→ _____

(3) kami – tahu – kenal – laki-laki – tidak – itu – dan – tidak

→ _____

(4) jam 8 pagi – toko – jam 8 malam – itu – buka – tutup – dan

→ _____

(5) suka – dia – tidak – belajar – kafe – dalam – di

→ _____

3. 녹음을 듣고 빈칸을 채워 보세요.   🔘 MP3 **11-6**

Martono   : Malam, Sophie. Bisa berbicara sebentar?

Sophie   : _____ _____?

Martono   : Saya mau _____ maaf.

Sophie   : _____ _____. Saya juga minta maaf.

Martono   : Saya tidak mau _____ dengan kamu.

Sophie   : Saya juga. Saya mau terus _____ dengan kamu.

Martono   : Saya juga. Maafkan saya, ya?

Sophie   : Maafkan saya juga. Kemarin saya terlalu emosi.

Martono   : Ah. Tidak apa-apa.

다음 글을 읽어 보세요. MP3 **11-7**

Kegiatan Chul Soo dan Naomi

Setiap hari Chul Soo biasanya bangun pagi pada jam 6 pagi. Setiap hari biasa Chul Soo harus belajar bahasa Indonesia di Universitas Jakarta. Siang hari Chul Soo pergi ke kantor untuk bekerja. Sore hari Chul Soo biasanya menulis dan membaca laporan, berapat, bertemu dengan partner bisnis, serta ikut seminar bisnis.

Naomi adalah teman sekantor Chul Soo. Naomi tidak belajar bahasa Indonesia. Dia bangun jam 5 pagi dan masuk kantor setiap hari pada jam 8 pagi. Dia makan siang dengan rekan-rekannya pada jam 1 siang. Sore hari Naomi kadang-kadang berapat, bertemu dengan partner bisnis, serta ikut seminar bisnis dengan Chul Soo.

 hari biasa 평일   harus ~해야 한다   kadang-kadang 가끔   laporan 보고서   masuk kantor 출근
partner bisnis 거래처, 동업자   rekan 동료   sekantor 같은 회사   seminar 세미나   serta 그리고, 또한
~nya 그녀의

인도네시아의 종교

인도네시아는 국교가 없으나 세계에서 이슬람교 인구가 가장 많으므로 이슬람교가 인도네시아의 국교라고 생각하는 사람이 많습니다. 그러나 인도네시아 정부는 6가지 종교를 인정합니다. 이는 인구 순서대로 이슬람교, 개신교, 천주교, 힌두교, 불교, 유교입니다.

원래 인도네시아의 종교는 다신을 믿는 민족 종교였습니다. 지리적으로 위치가 좋아 옛날부터 인도와 중동 나라들 출신의 상인들이 동아시아에 가기 위해 인도네시아를 거쳤습니다. 인도의 상인들은 힌두교와 불교, 중동의 상인들은 이슬람교를 가지고 인도네시아로 들어왔으며, 14세기쯤에는 포르투갈 상인들이 동부 인도네시아에 기독교를 가지고 들어왔습니다. 그때부터 이 다양한 종교들은 인도네시아 열도에 함께 공존해 왔습니다.

인도네시아의 주민등록증에는 특이하게 종교가 기재되어 있습니다. 이 사실은 많은 외국인을 놀라게 하지만 인도네시아에서는 당연한 일입니다. 어떤 교통사고에 사망하게 될 경우 사망자의 종교에 따라 의식을 지내야 하는데, 주민등록증에 기재된 종교를 참고하여 담당 경찰이나 병원에서 적합한 의식을 진행할 수 있기 때문입니다. 그러므로 인도네시아 사람들은 처음 인사를 하게 될 때도 종교에 관해서 자주 물어보곤 합니다.

Pelajaran
12

Berapa Harga Taksi dari Sini?

여기서 택시 값이 얼마입니까?

학습내용: Isi Pelajaran

- 어휘 : 단위, 서수
- 표현과 문법 : –ku, –mu, –nya 인칭대명사 접미사, berapa 의문문
- 회화 : 그냥 택시를 탑시다!
- 읽기 : 루이기 코스타와 그의 가족

MP3 **12-1**

Berapa umur anak pertama Anda?

Umur anak pertama saya 17 tahun.

MP3 **12-2**

Berapa harga bukumu itu?

Harga bukuku ini 35.000 rupiah.

MP3 **12-3**

Kamu lahir tanggal berapa?

Saya lahir tanggal 21 September.

MP3 **12-4**

Apakah kamu membeli kemeja itu kemarin?

Ya, saya membelinya kemarin.

단위 · Satuan

다음 표를 통해 우리는 인도네시아의 높이나 길이, 넓이, 내용물 등의 단위를 알아 볼 수 있습니다. 그러나 표 좌측을 보면 '높이, 길이, 넓이, 무게' 등과 같은 일반 명사들은 인도네시아어에는 9과에서 배운 형용사와 같은 형태입니다. 이들은 단지 형용사와 명사로 쓰이는 낱말들입니다.

tinggi	높이		meter	미터
panjang	길이		kilometer	킬로미터
luas	넓이		meter persegi	제곱미터
			kilometer persegi	제곱킬로미터
volume	내용물		mililiter	밀리리터
			liter	리터
kecepatan	속도		meter per detik	초속
			kilometer per jam	시속
berat	무게		gram	그램
			kilogram	킬로그램
umur	나이		bulan	～개월
usia	연세		tahun	살, 년
jumlah	수		buah	개
			lusin	다스(12개)
harga	가격, 값		won	원
			rupiah	루피아

서수 · Urutan

ke-1	kesatu, pertama	ke-11	kesebelas	ke-10	kesepuluh
ke-2	kedua	ke-12	kedua belas	ke-20	kedua puluh
ke-3	ketiga	ke-13	ketiga belas	ke-30	ketiga puluh
ke-4	keempat	ke-14	keempat belas	ke-40	keempat puluh
ke-5	kelima	ke-15	kelima belas	ke-50	kelima puluh
ke-6	keenam	ke-16	keenam belas	ke-60	keenam puluh
ke-7	ketujuh	ke-17	ketujuh belas	ke-70	ketujuh puluh
ke-8	kedelapan	ke-18	kedelapan belas	ke-80	kedelapan puluh
ke-9	kesembilan	ke-19	kesembilan belas	ke-90	kesembilan puluh
ke-10	kesepuluh	ke-20	kedua puluh	ke-100	keseratus

awal 처음, 최초		akhir 마지막, 최후

순서를 나타내는 서수는 다른 수식어처럼 수식 받는 말, 즉 명사 뒤에 옵니다. 서수가 명사 앞에 오면 뜻이 완전히 달라집니다. 다음 예문을 살펴봅시다.

Anak ketiga saya pergi ke Amerika bulan depan.　　제 셋째 아이는 다음 달에 미국에 갑니다.

Ketiga **anak** saya pergi ke Amerika bulan depan.　　제 아이는 셋 모두 다음 달에 미국에 갑니다.

Saya tinggal bersama **kakak** kedua saya.　　저는 제 둘 째 언니와 함께 삽니다.

Saya tinggal bersama kedua **kakak** saya.　　저는 제 두 언니와 함께 삽니다.

-ku, -mu, -nya 인칭대명사 접미사

1과에서 인칭대명사에 대해 배웠으며, 2과에서 인칭대명사가 명사 뒤에 나오는 경우 '소유'의 뜻을 나타냄을 배웠습니다. 인도네시아어의 인칭대명사 중에는 1인칭의 aku, 2인칭의 kamu, 그리고 3인칭의 dia가 있습니다. 이 인칭대명사들은 명사 뒤에 오는 경우 소유의 뜻을 가지는데 이 세 가지 대명사들은 명사 뒤에 올 때 주로 접미사로 바뀝니다. aku는 –ku로, kamu는 –mu로, dia는 –nya로 변합니다. 그러나 saya는 절대 –ku로, Anda는 –mu로 변하지 않습니다.

buku aku	→	bukuku	내 책
pensil kamu	→	pensilmu	너의 연필
nama dia	→	namanya	그/그녀의 이름
buku saya	→	bukuku	(X)
pensil Anda	→	pensilmu	(X)

위의 3가지 인칭대명사는 타동사 뒤에 오는 경우 역시 '접미사'로 바뀝니다. 11과에서 배운 것처럼 이러한 경우 타동사 뒤에 나오는 인칭대명사는 소유의 뜻이 아니라 목적어의 역할을 합니다. 목적어의 –nya는 dia뿐만 아니라 ini와 itu 또는 다른 명사 대신에 사용됩니다.

Ayah memanggil aku.	Ayah memanggilku.	아버지는 나를 불렀습니다.
Anjing itu mengejar kamu.	Anjing itu mengejarmu.	저 개가 너를 쫓아옵니다.
Chul Soo membeli itu.	Chul Soo membelinya.	철수는 그것을 삽니다.

다만 3인칭의 접미사 –nya는 앞 문장에서 대상이 무엇인지 언급되어야 –nya로 바뀔 수 있습니다. 이전에 언급되지 않는다면 해석이 불가능합니다.

Chul Soo melihat **kemeja itu**. Chul Soo membelinya.   (O)
철수는 그 와이셔츠를 좋아합니다. 철수는 그것을 삽니다.

Chul Soo melihatnya. Chul Soo membelinya.   (X)

berapa 의문문

4과에서 우리는 의문사 berapa가 '얼마' 또는 '몇'을 의미한다는 것을 배웠습니다. berapa는 수량사 외에도 단위에 대해 물어볼 때 사용됩니다. 앞에서 배운 단위를 사용해서 예문을 들었습니다.

Berapa tinggi Anda?　　　　　　　당신의 키는 어떻게 됩니까?
→ Tinggi saya 170 sentimeter.　　　　제 키는 170센티미터입니다.

Berapa luas rumah Anda?　　　　　당신 집의 면적이 어떻게 됩니까?
→ Luas rumah saya 200 meter persegi.　제 집의 면적이 200제곱 미터입니다.

Berapa kecepatan KTX?　　　　　　KTX의 속도는 어떻게 됩니까?
→ Kecepatan KTX 300 kilometer per jam.　KTX의 속도는 시속 300킬로미터입니다.

Berapa usia ayah Anda?　　　　　　당신 아버지의 연세는 어떻게 됩니까?
→ Umur ayah saya 70 tahun.　　　　　제 아버지의 나이는 70세입니다.

Berapa harga sepiring nasi goreng?　볶음밥 한 그릇의 가격은 얼마입니까?
→ Harga sepiring nasi goreng 15.000 rupiah.　볶음밥 한 그릇의 가격은 15,000루피아입니다.

berapa는 jam, lantai, tahun, tanggal 등과 같은 명사와 같이 나오는 경우 명사 뒤에 나옵니다.

jam **berapa**?　몇 시?

Sekarang jam **berapa**?　　　지금 몇 시입니까?
→ Sekarang jam 9 pagi.　　　지금은 아침 9시입니다.

lantai **berapa**?　몇 층?

Di lantai **berapa**?　　　　몇 층에 있습니까?
→ Di lantai 10.　　　　　　10층에 있습니다.

tahun **berapa**?　몇 년도?

Anda lahir tahun **berapa**?　당신은 몇 년도에 태어났습니까?
→ Saya lahir tahun 1979.　저는 1979년도에 태어났습니다.

tanggal **berapa**? 며칠?

Hari ini tanggal **berapa**?　오늘은 며칠입니까?
→ Hari ini tanggal 1 Maret.　오늘은 3월 1일입니다.

Kita Naik Taksi Saja!

Tina   Chul Soo! Cepat!

Chul Soo   Jam berapa sekarang?

Tina   Sekarang sudah jam 8! Kita naik taksi saja!

Chul Soo   Berapa harga taksi dari sini sampai kampus?

Tina   Sekitar 70.000 rupiah.

Chul Soo   Wah, mahal! Kalau naik bus memakan waktu berapa menit?

Tina   Sekitar 45 menit.

Chul Soo   Kita bisa terlambat. Kita naik taksi saja!

Tina   Baiklah! Itu ada taksi!

회화 해석

그냥 택시를 탑시다!

띠나	철수야! 서둘러!
철수	지금 몇 시야?
띠나	지금 벌써 8시야! 그냥 택시를 타자!
철수	여기서 캠퍼스까지 요금이 얼마야?
띠나	약 7만 루피아야.
철수	우와, 비싸다! 버스를 타면 몇 분 걸려?
띠나	약 45분.
철수	지각 하겠네. 우리 그냥 택시를 타자!
띠나	그래! 저기 택시 있어!

새 단어 · Kosakata Baru

kalau	~하면	saja	~하는 게 낫다
memakan	소비하다, 걸리다	sekitar	약, 한, 주변
menit	분(分)	sampai	~까지

1. 다음 그림을 참고하여 질문에 답해 보세요.

| ① 2.329 m | ② 320 km/jam | ③ 5.780 km² | ④ 2 kg | ⑤ 625 tahun |
| ⑥ 15 buah | ⑦ 220 ml | ⑧ 3.000 won | ⑨ 2 m | ⑩ 5 bulan |

(1) Berapa tinggi Gunung Bromo?

→ _____

(2) Berapa kecepatan Shinkansen itu?

→ _____

(3) Berapa luas Pulau Bali?

→ _____

(4) Berapa berat beras itu?

→ _____

(5) Berapa usia Istana Gyeongbokgung?

→ _____

(6) Berapa jumlah apel itu?

→ _____

(7) Berapa volume Teh Botol?

→ _____

(8) Berapa harga semangkuk udon?

→ _____

(9) Berapa lebar meja itu?

→ _____

(10) Berapa umur bayi itu?

→ _____

2. 다음 제시어를 알맞게 배열하여 올바른 문장으로 완성해 보세요.

(1) pertama – lahir – anak – agustus – saya – bulan – pada

→ _____

(2) itu – adalah – tinggi – 200 – gunung – meter

→ _____

(3) laki-laki – tahun – umur – itu – 40

→ _____

(4) berapa – cucu – lahir – pada – kedua – anda – tanggal

→ _____

(5) melihat – saya – kemarin – hari ini – dan – rok – membelinya – itu

→ _____

3. 녹음을 듣고 빈칸을 채워 보세요.   🔘 MP3 **12-6**

Tina   : Chul Soo. Terima kasih, ya.

Chul Soo : Sama-sama. _____ jam berapa, ya?

Tina   : Sekarang baru jam _____ _____.

Chul Soo : Syukurlah kita tidak _____.

Tina   : Omong-omong. Saya harus _____ berapa?

Chul Soo : Ah, tidak usah.

Tina   : Eh, jangan! Saya tidak enak, loh.

Chul Soo : Tidak apa-apa. Lain kali kamu harus mentraktir saya makan siang.

Tina   : Baiklah.

다음 글을 읽어 보세요.   MP3 **12-7**

Luigi Costa dan Keluarganya

    Luigi Costa adalah seorang mahasiswa pertukaran dari Universitas Roma. Dia berasal dari Roma, tetapi sekarang sedang belajar bahasa Indonesia di Universitas Jakarta. Umurnya 22 tahun dan tingginya 182 sentimeter. Dia sekarang tinggal di Menteng, Jakarta Pusat.

    Keluarga Luigi tinggal di Roma. Luigi adalah anak pertama dari 3 orang kakak beradik. Ayahnya berumur 48 tahun dan bekerja sebagai seorang guru SMA. Ibunya berumur 46 tahun dan adalah seorang ibu rumah tangga. Adik pertama Luigi berumur 20 tahun dan adik keduanya berumur 15 tahun. Adik pertamanya masih berkuliah di Institut Kesenian Roma sementara adik keduanya masih bersekolah di SMA. Luigi sangat menyayangi keluarganya.

 단어   ibu rumah tangga 가정주부   kakak beradik 형제   masih 여전히, 아직   menyayangi 사랑하다   sebagai ~로서
        sementara 한편

조심해야 하는 스킨쉽

한국은 인도네시아에 비해 비교적 스킨쉽을 많이 하는 편입니다. 한국 사회에서는 친한 친구끼리 팔짱을 끼거나 윗사람이 아랫사람의 머리를 만지기도 하고 동료끼리 어깨동무를 하는 것이 전혀 이상하지 않습니다. 반면, 인도네시아에서 그러한 행위는 오히려 상대의 기분을 나쁘게 할 수도 있으며 의도하지 않은 오해를 사기도 합니다.

가장 조심해야 하는 것은 바로 상대의 머리를 만지는 행위입니다. 한국에서 싸우거나 장난칠 때 상대방의 머리를 때리거나 이마를 밀기도 하는데, 인도네시아를 비롯한 동남아시아 국가에서는 머리는 영혼이 담긴 곳이라고 생각해서 상대의 머리를 함부로 만지거나 때리지 않습니다. 아이가 예뻐서 머리를 쓰다듬는 것보다 아이의 어깨나 볼을 쓰다듬는 것이 더 좋습니다. 친한 친구와도 장난칠 때 손으로 이마나 머리 윗부분을 뒤나 옆으로 미는 것은 굉장히 기분 나쁜 행위이므로 주의해야 합니다.

그리고 한국에서는 친한 동성 친구끼리 서로 팔짱을 끼거나 어깨동무를 하고 술에 취했을 때 서로 껴안는 장면을 흔히 볼 수 있지만, 인도네시아에서는 동성애자로 오해를 받을 수 있으므로 동성 친구끼리라도 스킨쉽을 자제하는 것이 좋습니다.

13

Kami Pergi dengan Mobil

우리는 차를 타고 갔습니다

학습내용: Isi Pelajaran

- 어휘   : 신체 부위, 교통 수단, 방법 형용사
- 표현과 문법 : 방법 부사어, 빈도 부사어
- 회화   : 우리는 소형버스를 타고 갔습니다
- 읽기   : 우리는 낚시를 좋아합니다

MP3 **13-1**

Kamu berangkat ke kampus dengan apa?

Saya berangkat ke kampus naik angkot.

MP3 **13-2**

Kamu pergi ke Bandung dengan siapa?

Saya pergi ke Bandung sendiri.

MP3 **13-3**

Bagaimana kamu belajar semalam?

Saya belajar dengan rajin.

MP3 **13-4**

Berapa kali kamu berolahraga dalam seminggu?

Saya berolahraga seminggu sekali saja.

신체 부위 · Anggota Tubuh

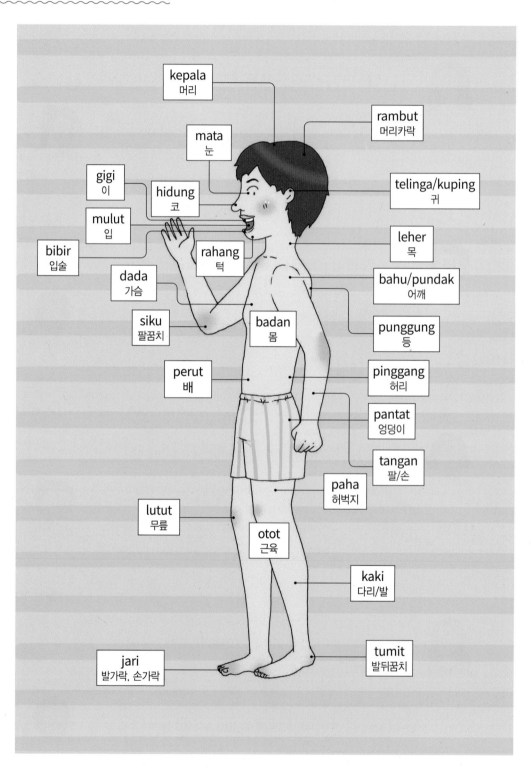

kepala 머리

mata 눈

rambut 머리카락

gigi 이

hidung 코

telinga/kuping 귀

mulut 입

leher 목

bibir 입술

rahang 턱

dada 가슴

bahu/pundak 어깨

badan 몸

siku 팔꿈치

punggung 등

perut 배

pinggang 허리

pantat 엉덩이

lutut 무릎

tangan 팔/손

paha 허벅지

otot 근육

kaki 다리/발

jari 발가락, 손가락

tumit 발뒤꿈치

교통 수단 · Kendaraan

sepeda	자전거	kereta	기차
(sepeda) motor	오토바이	metro	지하철
mobil	자동차	pesawat (terbang)	비행기
taksi	택시	kapal laut	화물선
angkot	도시형 대중 버스	kapal feri	연락선
bus	버스	kapal pesiar	유람선

방법 형용사 · Kata Sifat Cara

gembira	즐겁다, 기쁘다	sedih	슬프다
berani	용감하다	takut	무섭다, 겁먹다
hemat	절약하다	boros	낭비하다, 사치하다
asyik	열정적이다, 분주하다	bosan	지루하다
hati-hati	조심하다, 주의하다	ceroboh	서투르다, 꼴사납다
tenang	조용하다, 침착하다	ribut	시끄럽다, 소란스럽다
merdu	듣기 좋다, 낭랑하다	sumbang	듣기 싫다
tergesa-gesa	급하다, 서두르다	perlahan	느리다, 서두르지 않다

방법 부사어 · Keterangan Cara

인도네시아어 방법 부사어는 주로 전치사 dengan으로 표시됩니다. 전치사 dengan 뒤에 따라오는 낱말에 따라서 조금씩 의미가 달라집니다. 우선 dengan은 명사와 같이 나오는 경우 '~와 함께', 즉 동반자의 의미를 합니다.

> ① dengan + 명사

Saya pergi dengan **teman-teman saya**.	저는 친구들과 같이 갑니다.
Ibu berbelanja dengan **tetangga** di pasar.	엄마는 이웃 아줌마와 함께 시장에서 장을 봅니다.
Saya menonton film dengan **Sophie**.	저는 소피와 함께 영화를 봅니다.

위의 내용과 달리 dengan 다음에 명사가 오는 경우 수단 또는 방법을 의미하는 조사 '~로'의 역할도 합니다.

> ② dengan + 명사

Saya pergi dengan **pesawat**.	저는 비행기를 타고 갑니다.
Ibu berbelanja dengan **kartu kredit**.	엄마는 신용카드를 사용하여 장을 봅니다.
Saya menonton film dengan **DVD**.	저는 DVD로 영화를 봅니다.

마지막으로 dengan 다음에 형용사가 오는 경우 한국어의 어미 '~하게' 또는 '~히'처럼 어떠한 행위를 어떻게 하는지를 설명합니다.

> ③ dengan + 형용사

Saya pergi dengan **gembira**.	저는 즐겁게 갑니다.
Ibu berbelanja dengan **hemat**.	엄마는 알뜰하게 장을 봅니다.
Saya menonton film dengan **asyik**.	저는 집중해서 영화를 봅니다.

빈도 부사어 · Keterangan Frekuensi

어떠한 행위가 얼마나 자주 하는지 또한 정해진 기간에 몇 회 하는지 설명하는 부사어를 빈도 부사어라고 합니다. 인도네시아어로 빈도를 표현하는 방법은 두 가지가 있습니다. 첫 번째 방법은 동사 앞에 빈도 부사를 사용하는 방법입니다.

빈도 부사 + 동사

selalu	늘		selalu makan	늘 먹다
sering	자주		sering makan	자주 먹다
jarang	드물다	+ makan 먹다	jarang makan	드물게 먹다
kadang-kadang	가끔		kadang-kadang makan	가끔 먹다
tidak pernah	한 적 없다		tidak pernah makan	먹은 적이 없다

다음 방법은 부사어 자리에 기간과 횟수를 밝히는 방법입니다.

기간 - 횟수(~ kali) / 횟수(~ kali) - (dalam)기간

sehari 3 kali	3 kali (dalam) sehari	하루에 3번
setahun 6 kali	6 kali (dalam) setahun	1년에 6번
2 bulan sekali	sekali (dalam) 2 bulan	2달에 한 번

빈도에 대해 물어볼 때 berapa kali 또는 berapa sering을 사용합니다.

Berapa kali Anda minum obat dalam sehari?   당신은 하루에 몇 번 약을 먹습니까?
Saya minum obat **sehari 3 kali**.   저는 하루에 3번 약을 먹습니다.

Berapa sering orang itu datang ke rumah?   그 사람은 얼마나 자주 집에 옵니까?
Dia datang ke rumah **sekali seminggu**.   그는 일주일에 한 번 집에 옵니다.
Dia **sering** datang ke rumah.   그는 자주 집에 옵니다.

Berapa kali Anda pergi ke Jepang?   당신은 몇 번 일본에 갔다 왔습니까?
Saya **tidak pernah** pergi ke Jepang.   저는 일본에 갔다 온 적이 없습니다.

Kami Naik Angkot

Siti   Bagaimana liburan kalian?

Sophie   Menyenangkan, Bu. Ibu berlibur ke mana?

Siti   Saya berlibur ke Bandung dengan suami saya.

Chul Soo   Ibu pergi ke Bandung naik apa?

Siti   Kami pergi dengan mobil.

Sophie   Ibu ke mana saja di Bandung?

Siti   Kami pergi ke restoran di Dago Atas dengan teman-teman saya.

Chul Soo   Anda pergi ke Dago Atas juga dengan mobil?

Siti   Tidak, kami naik angkot.

Sophie   Makanan di restoran itu enak, Bu?

Siti   Ya, kami makan dengan lahap.

우리는 소형버스를 타고 갔습니다

시띠	너희들의 방학은 어땠어?
소피	재미있었어요, 선생님. 선생님께서는 어디에 다녀오셨어요?
시띠	난 남편이랑 반둥에 놀러 갔어.
철수	무엇을 타고 가셨어요?
시띠	우리는 차로 갔어.
소피	반둥에서 어디어디 가셨어요?
시띠	우리는 친구들과 같이 다고아따스에 있는 레스토랑에 갔어.
철수	다고아따스까지 역시 차를 타고 가셨어요?
시띠	아니, 우리는 소형버스를 타고 갔어.
소피	그 레스토랑의 음식은 맛있어요, 선생님?
시띠	응, 우리는 맛있게 먹었어.

새 단어 · Kosakata Baru

berlibur	휴가를 보내다, 놀러 가다	liburan	휴가, 방학
cerah	맑다	mana saja	어디든, 어디어디
cuaca	날씨	menyenangkan	재미있다, 만족스럽다
lahap	(먹는 모습이) 맛있다, 게걸스럽다	sejuk	시원하다, 신선하다

1. 다음 표의 알맞은 단어를 선택해 빈칸을 채워 문장을 완성해 보세요.

bersih	bolpoin	mobil	tergesa-gesa	cepat
merdu	pesawat	tangan	gunting kuku	hati-hati

(1) Kami pergi berwisata ke Jepang dengan _____.

(2) Asisten rumah tangga kami mencuci baju dengan _____.

(3) Kereta itu berjalan dengan _____.

(4) Murid-murid itu selalu menulis dengan _____ biru atau hitam.

(5) Penyanyi wanita itu menyanyi dengan sangat _____.

(6) Para petugas bekerja dengan _____ di lapangan.

(7) Paman menggunting kukunya dengan _____.

(8) Adik membuat prakarya dengan _____nya di sekolah.

(9) Dia tidak pernah berjalan dengan _____ ke kantornya.

(10) Setiap hari dia pulang dan pergi ke kampus dengan _____ barunya.

2. 다음 제시어를 알맞게 배열하여 올바른 문장으로 완성해 보세요.

(1) sering – orang tua – di – kami – berjalan-jalan – taman

→ _____

(2) makan siang – kantin – di – kami – sekolah – selalu

→ _____

(3) saya – laki-laki – tidak – bangun – pada – jam 6 – anak – pernah

→ _____

(4) ke – rumah sakit – nenek – sebulan – sekali – pergi

→ _____

(5) pacarnya – adik – 3 kali – bertemu – dengan – dalam – seminggu – saya

→ _____

3. 녹음을 듣고 빈칸을 채워 보세요.　　　　　　　　　　　　🔘 MP3 **13-6**

Siti　　　　　: Kalian pergi ke mana liburan kemarin?

Chul Soo　　: Kami _____ ke Yogyakarta, Bu.

Siti　　　　　: _____ siapa saja?

Sophie　　　: Bersama teman-teman sekelas.

Siti　　　　　: Kalian pergi ke Yogyakarta _____ apa?

Chul Soo　　: Kami pergi naik kereta Argo Lawu.

Siti　　　　　: Kalian pergi ke _____ _____ di Yogyakarta?

Sophie　　　: Kami pergi ke candi Borobudur dan Prambanan, Bu.

Chul Soo　　: Kami juga _____ di Jalan Malioboro.

다음 글을 읽어 보세요. MP3 **13-7**

Kami Suka Memancing

Saya Ratna Kusumaningsih. Saya tinggal di Cirebon dengan keluarga saya. Saya bersekolah di SMP Negeri 1. Saya memiliki seorang adik. Adik saya bersekolah di SD Negeri 5. Saya dan adik saya pergi ke sekolah dengan bus jemputan. Ibu saya bekerja di kantor dan ibu pergi ke kantor naik mobil. Ayah saya adalah seorang pekerja lepas dan ayah bekerja di rumah.

Kami suka memancing di laut. Ayah tidak suka memancing. Kami memancing hampir setiap hari Minggu. Kami memancing dengan joran dan umpan cacing. Pada hari Minggu malam kami biasanya makan ikan bakar bersama ayah di rumah dengan lahap.

 bus jemputan 통학 셔틀버스   **cacing** 지렁이   **joran** 낚싯대   **lahap** (먹는 모습 따위가) 맛있다, 게걸스럽다
memancing 낚시하다, 낚다   **pekerja lepas** 프리랜서   **umpan** 미끼, 먹이, 밥

식사 예절

인도네시아는 민족이 300개 이상 있으므로 음식도 아주 다양합니다. 한 달에 세 끼니를 다른 음식으로 먹을 수 있을 만큼 종류가 다양합니다. 현재 인도네시아의 가정에 차려지는 상차림은 사실 인도네시아사람이 만든 것이 아닙니다. 인도네시아 상차림, 즉 '레이스타플(Rijsttafel)'은 인도네시아를 지배한 네덜란드 사람들이 만든 상차림입니다. Rijsttafel차림은 인도네시아의 다양한 민족요리를 한 자리에 모아서 차려놓은 밥상입니다. 주로 밥과 고기·생선·채소·국류 그리고 두부(tahu), 뗌뻬(tempe), 고추장(sambal)과 끄루뿍(kerupuk:감자칩의 칩을 뜻함)로 구성됩니다.

인도네시아에서는 식사하기 전에 먼저 모자와 선글라스를 벗고 손을 씻은 다음에 팔꿈치를 식탁에 올리지 않고 앉아야 합니다. 식사는 주로 집주인이나 어른이 먼저 시작합니다. 인도네시아 요리를 먹을 때는 오른손에는 숟가락(sendok)과 왼손에는 포크(garpu)를 씁니다. 포크는 음식을 찌르거나 자르는 데 쓰지 않고 오히려 음식을 숟가락에 들어갈 수 있도록 밀어주는 용도로 씁니다. 국수나 면 등은 중국 음식점에 가면 젓가락(sumpit)을 사용할 수 있습니다. 순다 요리(masakan Sunda) 또는 빠당 요리(masakan Padang)를 먹을 때는 손으로 먹습니다. 손으로 먹는 것은 연습과 기술이 필요하므로 불편하다면 숟가락과 포크를 사용하면 됩니다.

음식을 먹을 때는 입을 다물고 소리가 나지 않도록 주의해야 하고 중앙에 있는 요리는 개인이 쓴 숟가락이나 포크로 덜면 안 됩니다. 주로 음식마다 각 1개의 숟가락이 따로 있으니 그 숟가락을 사용해서 개인 접시에 덜어서 먹어야 합니다. 가장 중요한 것은 먹고 있거나 먹고 난 후에 트림을 하는 것은 상대에 대한 실례이므로 주의하기 바랍니다.

Kita Akan Pergi ke Mana?

우리는 어디로 갈 겁니까?

학습내용: Isi Pelajaran

- 어휘   : me- 접두사 자동사, 취미
- 표현과 문법 : 조동사, 시상(時相)
- 회화   : 저는 아직 사진을 잘 못 찍습니다
- 읽기   : 우리의 인도네시아어 교실

MP3 **14-1**

Kamu sudah makan siang?

Belum, saya belum makan siang.

MP3 **14-2**

Kamu suka memotret?

Ya, saya suka memotret.

MP3 **14-3**

Apa hobi Anda, Bu?

Hobi saya membaca buku dan mendengarkan musik.

MP3 **14-4**

Bagaimana cuaca di Korea hari ini?

Cuaca di Korea hari ini sudah membaik.

me- 접두사 자동사

me- 접두사는 타동사뿐만 아니라 자동사도 형성합니다. 접두사의 기능과 뜻에 대해 Step 2에서 배울 예정이라 우선 me- 접두사 자동사를 몇 개 배워 둡시다.

menyanyi	노래하다	menari	춤을 추다
melompat	뛰다	merokok	담배를 피우다
menyeberang	건너다, 횡단하다	mendekat	다가가다, 가까워지다
menggunung	산더미가 되다	menjauh	멀어지다
memerah	빨개지다	menguning	노랗게 되다
membesar	커지다	mengecil	작아지다
meningkat	늘다, 증가하다, 상승하다	menurun	하락하다, 점차 내려가다
membaik	좋아지다	memburuk	나빠지다

11과에서 우리는 'me- 접두사 타동사'와 'ber- 접두사 자동사' 그리고 그 동사에 의한 타동사문과 자동사문의 차이에 대해 배웠습니다. 11과에서 설명한 것처럼 예외인 'me- 접두사 자동사'들도 있으며, 이들은 자동사문을 구성할 때 씁니다. 이러한 동사들은 자동사이므로 목적어가 없고 주로 보어나 부사어가 따라옵니다.

Lidya menari Bali.	리디아는 발리 춤을 춥니다.	[Bali 보어]
Dia menjauh <u>dari saya</u>.	그녀는 나한테서 멀어집니다.	[dari saya 부사어]

취미 · Hobi

mengoleksi prangko	우표를 수집하다	mendengarkan musik	음악을 듣다
memotret	사진을 촬영하다	berolahraga	운동을 하다
membaca buku	책을 읽다	berwisata	여행을 가다
menulis	쓰다, 집필하다	bersepeda	자전거를 타다
menggambar	그림을 그리다	bermain piano	피아노를 연주하다
melukis	그림을 그리다(회화)	bermain tenis	테니스를 치다
menyanyi	노래를 하다	bermain game	게임을 하다
menari	춤을 추다	berenang	수영을 하다
menonton film	영화를 보다	naik gunung	등산을 가다

인도네시아어로 본인의 취미를 말할 때는 다음과 같은 두 가지의 방법이 있습니다.

Apa hobi Anda?   당신의 취미는 무엇입니까?
   Hobi saya memotret.   제 취미는 사진촬영입니다.
   Saya suka memotret.   저는 사진촬영을 좋아합니다.

위의 방법 외에도 다음과 같이 주로 한가할 때 무엇을 하는지에 대해서 물어볼 수도 있습니다.

Biasanya apa yang Anda lakukan di waktu senggang? 주로 한가할 때 무엇을 합니까?
   Biasanya saya menonton film di bioskop. 주로 한가할 때 영화관에서 영화를 봅니다.
   Saya **biasanya** naik gunung. 저는 주로 등산을 갑니다.

조동사 · Kata Kerja Bantu

인도네시아어는 영어처럼 다른 동사를 보조해 주는 역할을 하는 동사들이 있습니다. 조동사는 서술어에서 주요 동사의 앞에 위치합니다.

조동사 + 동사

mau	원하다		mau makan	먹고 싶다
bisa	가능하다		bisa makan	먹을 수 있다
harus	해야 한다	+ makan 먹다	harus makan	먹어야 한다
boleh	하면 된다/해도 좋다		boleh makan	먹으면 된다/먹어도 좋다
suka	좋아한다		suka makan	먹는 것을 좋아한다

11과에서 배운 내용과 같이 부정사는 서술어구 가장 앞 자리에 위치하기 때문에 부정사 tidak이 오는 경우 조동사 앞에 위치해야 합니다. 다음 예문을 통해 조동사를 사용하는 방법을 배워 봅시다.

Anda **mau** memotret apa?　　　　　　　당신은 무엇을 찍고 싶습니까?
　Saya **mau** memotret pemandangan malam.　저는 야경을 찍고 싶습니다.

Chul Soo **bisa** berbahasa apa?　　　　　철수는 무슨 언어를 할 줄 압니까?
　Chul Soo **bisa** berbahasa Korea dan Indonesia.　철수는 한국어와 인도네시아어를 할 줄 압니다.

Apakah saya **harus** datang jam 7 pagi?　저는 아침 7시에 와야 합니까?
　Tidak, Anda **tidak harus** datang jam 7 pagi.　아니오. 당신은 아침 7시에 안 와도 됩니다.

Apakah saya **boleh** merokok di sini?　　저는 여기서 담배를 피워도 됩니까?
　Tidak, Anda **tidak boleh** merokok di sini.　아니오, 여기서 담배를 피우면 안 됩니다.

Anda **suka** belajar di mana?　　　　　　당신은 어디서 공부하는 것을 좋아합니까?
　Saya **suka** belajar di perpustakaan.　　저는 도서관에서 공부하는 것을 좋아합니다.

시상(時相) · Aspek Waktu

인도네시아어는 다른 오스트로네시아(Austronesia)어족 언어처럼 시제가 없습니다. 대신에 시간적인 상(相, aspect)을 나타내는 조동사를 사용합니다. 이러한 조동사는 언어학적으로 시상(時相)이라고 합니다. 사실은 인도네시아어의 시간 표현은 시상을 통해 이뤄지지 않습니다. 시간 표현은 시간 부사어로만 충분합니다. 시상은 시제(時制)와 달리 행위가 일어나는 시간에 따라서 무조건 사용해야 하는 것이 아니라 전체, 개시, 도중, 종료 등을 나타낼 때만 사용합니다.

시상 + 동사		

akan	미래		akan makan	먹을 것이다, 먹겠다
sedang	현재진행		sedang makan	먹고 있는 중이다
masih	진행(미완료)	+ makan 먹다	masih makan	아직 먹고 있다
sudah	현재완료		sudah makan	다 먹었다, 먹고 왔다
belum	미완료		belum makan	아직 안 먹었다

다음 예문을 통해 시상을 사용하는 방법을 배워 봅시다. 시상을 사용하는 경우 그 문장에 나타난 행위가 중심이 됩니다. 반면 시간, 목적어 등을 중심으로 하는 경우 시상 없이 목적어나 부사어만 넣으면 됩니다.

Hari Minggu ini saya **akan** pergi ke Busan.　저는 이번 일요일에 부산에 갈 겁니다.
Saya **sedang** menari dan menyanyi.　저는 춤을 추며 노래를 부르고 있습니다.
Kami **masih** belajar bahasa Indonesia di sana.　우리는 여전히 거기서 인도네시아어를 공부하고 있습니다.
Ayah **sudah** pulang jam 6 sore tadi.　아빠는 아까 오후 6시에 집에 돌아왔습니다.
Minggu ini mereka **belum** membuat PR.　이번주는 그들이 숙제를 아직 안 했습니다.

A : Apakah Anda **sudah** makan siang?　점심을 먹었습니까?
B : Ya, saya **sudah** makan siang.　네, 저는 점심을 먹고 왔습니다.

A : Anda makan siang jam berapa?　언제 점심을 먹었습니까?
B : Saya makan siang tadi jam 12 siang.　아까 낮 12시에 먹었습니다.

A : Tadi Anda makan apa?　아까 무엇을 먹었습니까?
B : Tadi saya makan nasi goreng.　아까 볶음밥을 먹었습니다.

Saya Belum Bisa Memotret dengan Baik

Martono	He, Tina! Kamu sedang apa?
Tina	Oh, saya sedang membaca majalah fotografi.
Martono	Kamu suka memotret?
Tina	Iya. Kamu juga suka memotret?
Martono	Ya, tetapi saya belum bisa memotret dengan baik.
Tina	Kamu mau pergi memotret akhir minggu ini?
Martono	Boleh. Kita akan pergi ke mana?
Tina	Bagaimana kalau kita pergi ke Taman Mini Indonesia Indah?
Martono	Wah, kebetulan saya juga mau sekali pergi ke sana.
Tina	Hari Sabtu jam 9 pagi, ya?

저는 아직 사진을 잘 못 찍습니다

마르토노	어이, 띠나! 뭐 하고 있어?
띠나	아, 사진 잡지를 보고 있어.
마르토노	넌 사진 찍는 것을 좋아해?
띠나	응. 너도 좋아해?
마르토노	응, 하지만 난 아직은 잘 못해.
띠나	이번 주말에 사진 찍으러 갈래?
마르토노	그러자. 어디로 갈 건데?
띠나	인도네시아 민속촌에 가는 게 어때?
마르토노	우와, 마침 나도 거기에 정말 가고 싶었는데.
띠나	토요일 아침 9시, 알았지?

새 단어 · Kosakata Baru

fotografi	사진촬영	Taman Mini Indonesia Indah	인도네시아 민속촌

1. 다음 표의 알맞은 단어를 선택해 빈칸을 채워 문장을 완성해 보세요.

mau	bisa	boleh	suka	harus
akan	sedang	sudah	masih	belum

(1) Ibu saya _____ berkenalan dengan pacar adik saya.

(2) Kami tidak _____ berbahasa Korea di dalam kelas bahasa Indonesia.

(3) Anak-anak itu _____ tidur pada jam 5 pagi.

(4) Pesawat kami _____ berangkat 2 jam lagi.

(5) Para penonton _____ menonton dengan tenang di bioskop.

(6) Ibu _____ beristirahat di kamar.

(7) Chul Soo _____ pernah berjalan-jalan ke Pulau Lombok tahun lalu.

(8) Kakek dan nenek _____ mendengarkan lagu-lagu lama.

(9) Pasien itu masih sakit dan _____ boleh pulang ke rumah.

(10) Murid-murid ibu Siti sudah _____ berbahasa Indonesia dengan lancar.

2. 다음 제시어를 알맞게 배열하여 올바른 문장으로 완성해 보세요.

(1) dengan – boleh – murid – 1 SD – belum – menulis – kelas – bolpoin

→ _____

(2) lapar – makan – saya – belum – dan – masih

→ _____

(3) pernah – ke – Indonesia – sudah – kami – berwisata – Malaysia – dan

→ _____

(4) belum – murid-murid – bisa – berbahasa – Indonesia

→ _____

(5) kita – berangkat – Bandung – akan – jam 9 – ke – pagi – pada

→ _____

3. 녹음을 듣고 빈칸을 채워 보세요.　　　　　　　　　　　🔊 MP3 **14-6**

Tina　　　　　: _____ Taman Mini, Martono?

Martono　　　: Besar sekali, ya?

Tina　　　　　: Sayang sekali hari ini sangat _____.

Martono　　　: Bagaimana kalau kita naik kereta gantung?

Tina　　　　　: Kamu _____ naik kereta gantung?

Martono　　　: Iya. _____ harga tiket kereta gantung itu?

Tina　　　　　: Kalau tidak salah _____ rupiah.

Martono　　　: Ayo kita naik kereta gantung saja!

Tina　　　　　: Ayo! Kita bisa melihat miniatur Indonesia dari kereta gantung.

다음 글을 읽어 보세요. 🔘 MP3 **14-7**

Kelas Bahasa Indonesia Kami

   Selamat siang. Kami senang berkenalan dengan Anda sekalian. Kami tidak berasal dari Indonesia dan kami bukan orang Indonesia. Kami adalah mahasiswa Universitas Jakarta. Kami belum bisa berbahasa Indonesia dan sedang belajar bahasa Indonesia di tingkat menengah Program Bahasa Indonesia Universitas Jakarta. Kami suka belajar bahasa Indonesia bersama di kelas.

   Guru kami sangat baik. Namanya Rahmat Sudirman dan kami memanggilnya Pak Dirman. Pak Dirman bukan orang Jakarta. Pak Dirman berasal dari Yogyakarta. Pak Dirman ramah, sabar, dan juga baik hati. Beliau selalu tersenyum waktu mengajar. Kami senang belajar bahasa Indonesia karena beliau.

 berbahasa 언어를 하다　　karena ~ 때문에　　memanggil 부르다　　tersenyum 미소를 짓다　　tingkat menengah 중급

Basa-Basi

Basa-basi는 주로 영혼 없는 말로 해석되는데 원래의 뜻은 예의를 갖춰 건네는 인사말입니다. 그중에서 우리가 이미 배운 Apa kabar?가 있습니다. 자주 보는 사람임에도 불구하고 안부를 자주 묻는 것은 외국인에게 영혼이 없거나 진심이 아닌 것처럼 보일 수 있겠지만 인도네시아 사회에서는 상대에 대한 관심을 보여 주는 최소한의 예의로 해석됩니다.

Apa kabar? 외에도 "식사 하셨나요?(Sudah makan?)"라는 인사도 많이 합니다. 길을 걷다가 이웃 또는 지인을 만날 때 "어디 가세요?(Mau ke mana?)"라는 질문을 받으면 굳이 솔직하게 답을 안 해도 괜찮습니다. 이때 잠시 "저 앞에 갑니다.(Ke depan.)"라고 가볍게 웃으며 답하면 됩니다. 주변 사람들이 자신에 대해서 전부 알고 싶어 한다거나 간섭을 하려 한다고 오해하지 마세요.

오랜만에 만나면 친구끼리 "더 예뻐졌네!(Tambah cantik saja!)"라고 말하는 것도 일종의 basa-basi입니다. 이럴 때 감사하다고 하거나 "별말씀을요.(Ah, bisa saja.)"라고 답하면 됩니다.

반가운 마음에 만나고 난 후 헤어질 때에도 인도네시아 사람은 "언제 우리 집으로 놀러 와!(Kapan-kapan main ke rumah, ya!)"라고 초대한 것처럼 말을 건넵니다. 이것을 진심으로 초대한다고 생각하는 외국인이 많은데, 이것도 역시 basa-basi이고 한국인들이 많이 하는 '언제 밥 같이 먹자!'와 같은 인사입니다.

Dari Seoul sampai Busan Memakan Waktu 4 Jam

서울에서 부산까지 4시간이 걸립니다

학습내용: Isi Pelajaran

- 어휘 : 일상생활, 집안일, 사고와 질병
- 표현과 문법 : 시간적 접속사, 시작점과 끝나는 점
- 회화 : 얼마나 걸립니까?
- 읽기 : 학교 방학

MP3 **15-1**

Apa yang kamu lakukan sebelum makan pagi?

Saya mandi sebelum makan pagi.

MP3 **15-2**

Apa yang harus kita lakukan sesudah menyapu?

Kita harus mengepel sesudah menyapu.

MP3 **15-3**

Apa yang terjadi, Sophie?

Saya teriris pisau waktu memasak.

MP3 **15-4**

Chul Soo, kamu kenapa?

Saya terkilir waktu sedang berolahraga.

일상생활 · Kegiatan Sehari-Hari

bangun tidur
잠에서 일어나다, 깨다

mandi
목욕하다, 씻다

makan pagi
아침을 먹다

berangkat kerja
출근하러 가다

naik bus
버스를 타다

masuk kantor
출근하다

bekerja
일하다

makan siang
점심을 먹다

berapat
회의를 하다

beristirahat
쉬다, 휴식을 가지다

pulang kantor
퇴근하다

sampai di rumah
집에 도착하다

memasak
요리하다

makan malam
저녁을 먹다

menonton TV
텔레비전을 보다

tidur
자다

집안일 · Pekerjaan di Rumah

membersihkan kamar	방을 청소하다	mencuci piring	설거지하다
menyapu	(바닥을) 쓸다	mencuci baju	빨래를 하다
mengepel	물청소를 하다, 걸레질하다	menjemur baju	옷을 널다, 말리다
mengelap	행주질을 하다, 닦다	menyetrika	다림질을 하다
membuang sampah	쓰레기를 버리다	menyikat kamar mandi	욕실을 닦다
merapikan kamar	방을 정리하다	menata meja makan	식탁을 차리다

사고와 질병 · Kecelakaan dan Penyakit

terluka	상처가 나다, 다치다	pusing	어지럽다
terjatuh	넘어지다, 떨어지다	batuk	기침이 나다
terantuk (batu)	(돌에) 부딪히다, 걸리다	mual	메스껍다
teriris (pisau)	(칼에) 베이다	masuk angin	감기에 걸리다
terkilir	삐다, 접질리다	sakit kepala	머리가 아프다
berdarah	피가 나다, 출혈하다	sakit gigi	이가 아프다
mimisan	코피가 나다	sakit perut	배가 아프다
patah tulang	뼈가 부러지다, 골절되다	diare	설사를 하다
demam	열이 나다	tidak enak badan	컨디션이 안 좋다

주로 아프거나 다쳐서 병원에 갈 때 다음과 같이 의사나 간호사가 질문을 합니다.

Anda sakit apa?　　　　　　　　어디가 아픕니까? / 무슨 병입니까?
　Saya pusing dan demam.　　　　저는 머리가 아프고 열이 납니다.

Apa yang terjadi?　　　　　　　무슨 일이 일어났습니까?
　Saya terjatuh dan lutut saya berdarah.　저는 넘어져서 무릎에 피가 납니다.

시간적 접속사 · Kata Penghubung Waktu

접속사는 일반적으로 두 문장을 접속시키는 역할을 합니다. 이번에 우리가 배울 것은 두 가지 행위가 연달아 또는 동시에 일어날 때 사용하는 접속사에 대해 배워 보겠습니다.

> 문장 1 + 접속사 + 문장 2

문장 1	접속사	문장 2
Orang tua saya datang.	sebelum ~하기 전 waktu ~할 때/~하다가 sesudah ~한 후	Kami makan.

sebelum은 영어의 before(~하기 전)를 의미합니다. waktu는 영어의 when(~할 때/~하다가)을 의미하며, sesudah는 영어의 after(~한 후)를 의미합니다. 두 문장의 주어가 같은 경우 뒤의 문장의 주어가 생략될 수 있습니다.

Orang tua saya datang sebelum kami makan. 우리가 먹기 전에 우리 부모님이 왔습니다.
Siti memasak sebelum makan malam. 시띠는 저녁을 먹기 전에 요리했습니다.
Chul Soo makan siang sebelum berapat. 철수는 회의를 하기 전에 점심을 먹었습니다.

Orang tua saya datang waktu kami makan. 우리가 먹을 때 우리 부모님이 왔습니다.
Sophie terjatuh waktu sedang bersepeda. 소피는 자전거를 타다가 넘어졌습니다.
Kakak menyikat kamar mandi waktu mandi. 언니는 목욕 했을 때 욕실을 닦았습니다.

Orang tua saya datang sesudah kami makan. 우리가 먹은 후에 우리 부모님이 왔습니다.
Ibu menyetrika sesudah menjemur baju. 엄마는 옷을 넌 후에 다림질을 했습니다.
Nenek masuk angin sesudah berjalan-jalan. 할머니는 산책한 후에 감기에 걸렸습니다.

접속사 뒤에 나오는 문장은 부사어구입니다. 그러므로 두 문장의 주어가 같은 경우 부사어구의 주어만이 생략됩니다. 부사어구가 문장 가장 앞 자리에 도치되는 경우에도 접속사 뒤에 나오는 주어만이 생략 가능합니다.

Ibu menyetrika sesudah ibu menjemur baju.	엄마는 옷을 넌 후에 다림질했습니다.
Ibu menyetrika sesudah menjemur baju.	(O)
Sesudah ibu menjemur baju, ibu menyetrika.	(O)
Sesudah menjemur baju, ibu menyetrika.	(O)
Sesudah ibu menjemur baju, menyetrika.	(X)

시작점과 끝나는 점(dari ~ sampai ~)

장소나 시간적인 시작점과 끝나는 점, 즉 '~에서/부터 ~까지'와 같은 표현은 인도네시아어에서 전치사 'dari ~ sampai ~'를 사용하여 만들어집니다. 시간적인 시작점과 끝나는 점을 말하는 경우 'dari ~ sampai ~' 대신에 'sejak ~ hingga ~'를 사용하면 됩니다. 'sejak ~ hingga ~'는 장소의 시작 점과 끝나는 점을 말할 때는 쓸 수 없습니다.

> **dari** ~ sampai ~ / **sejak** ~ hingga ~ (시간적 표현만)

Chul Soo berjalan kaki **dari** rumah sampai kantor.	철수는 집에서 사무실까지 걸어서 갑니다.
Kami bebersih **dari** ruang keluarga sampai kamar.	우리는 거실에서 침실까지 청소했습니다.
Saya naik bus **dari** Jongno sampai Yeouido.	저는 종로에서 여의도까지 버스를 탔습니다.
Dari Seoul sampai Busan memakan waktu 4 jam.	서울에서 부산까지 4시간이 걸립니다.
Kami beristirahat **dari** jam 3 sampai jam 4.	우리는 3시부터 4시까지 쉽니다.
Kakak ada di Jepang **dari** minggu lalu sampai besok.	형은 지난 주부터 내일까지 일본에 있습니다.
Saya bekerja **sejak** hari Senin hingga hari Jumat.	저는 월요일부터 금요일까지 일합니다.
Toko itu buka **sejak** tahun 1981 hingga kini.	저 가게는 1981년부터 지금까지 문을 엽니다.

Memakan Waktu Berapa Lama?

Siti　　　Sophie! Dari Paris sampai Jakarta memakan waktu berapa lama?

Sophie　　Sekitar 12 jam, Bu. Kalau dari Seoul?

Chul Soo　Kalau dari Seoul kurang lebih 7 jam.

Siti　　　Berapa harga tiket pesawatnya?

Sophie　　Kalau tidak salah sekitar 12 juta rupiah, Bu.

Chul Soo　Harga tiket pesawat dari Seoul sampai Jakarta kira-kira 7 juta rupiah.

Siti　　　Mahal sekali, ya?

Sophie　　Saya harus singgah dulu di Singapura sebelum sampai di Jakarta.

Chul Soo　Kalau saya, harus naik kereta dulu sampai Seoul sebelum terbang ke Jakarta.

회화 해석

얼마나 걸립니까?

시띠	소피! 파리에서 자카르타까지 얼마나 걸려?
소피	약 12시간, 선생님. 서울에서는요?
철수	서울에서는 약 7시간 걸려요.
시띠	비행기표 값이 얼마야?
소피	틀리지 않으면 한 1,200만 루피아예요, 선생님.
철수	서울에서 자카르타까지의 비행기표 가격은 약 700만 루피아예요.
시띠	아주 비싸네?
소피	저는 자카르타에 오기 전에 싱가포르에 경유해야 해서요.
철수	저는 자카르타에 비행하기 전에 서울까지 기차를 타야 합니다.

새 단어 · Kosakata Baru

kurang lebih	대략, 약, 한	singgah	들르다, 경유하다
salah	틀리다, 잘못하다	tiket	표, 티켓

1. 다음 표의 알맞은 단어를 선택해 빈칸을 채워 문장을 완성해 보세요.

dari	sesudah	waktu	suka	sebelum
hingga	sampai	mau	belum	sejak

(1) Kami berjalan kaki _____ rumah tadi malam.

(2) Nenek tidak _____ pergi dengan kami ke supermarket.

(3) Saya menangis _____ menonton film romantis itu.

(4) Murid-murid ibu Siti tidak berasal _____ Indonesia.

(5) Kami harus berapat pada jam 4 sore _____ pulang kantor pada jam 5 sore.

(6) Ayah _____ makan malam waktu pulang kantor.

(7) Naomi _____ berolahraga sebelum masuk kantor pada jam 8 pagi.

(8) Kakak tidak pernah bekerja _____ larut malam.

(9) Kita tidak boleh berenang _____ makan.

(10) Kantor itu berdiri _____ tahun 1991.

2. 다음 제시어를 알맞게 배열하여 올바른 문장으로 완성해 보세요.

(1) ruang keluarga – sebelum – kami – tidur – menonton – di – TV

　→ _____

(2) terluka – terjatuh – bersepeda – dia – sedang – dan – waktu

　→ _____

(3) kami – hingga – bekerja – sejak – jam 9 – jam 5 – pagi – sore – selalu

　→ _____

(4) Seoul – dari – sampai – memakan – Jakarta – 7 jam – pesawat – dengan – waktu

　→ _____

(5) berdoa – sebelum – harus – kita – sesudah – dan – makan

　→ _____

3. 녹음을 듣고 빈칸을 채워 보세요.　　　　　　　　　MP3 **15-6**

Tina　　　　: Apa yang kamu lakukan sebelum datang ke sini?

Chul Soo　: Tentu saja saya _____ sebelum datang ke sini.

Tina　　　　: Sebelum itu, kamu tidak _____ dulu?

Chul Soo　: Saya sudah _____ tadi malam.

Tina　　　　: Kamu mandi berapa kali dalam sehari?

Chul Soo　: _____ saja dalam sehari.

Tina　　　　: Orang Indonesia mandi 2 kali sehari.

Chul Soo　: Repot sekali. Malas, ah!

Tina　　　　: Ih, jorok!

다음 글을 읽어 보세요. MP3 **15-7**

Liburan Sekolah

Liburan sekolah mulai hari Senin minggu lalu. Setiap hari saya bangun pada jam 7 pagi. Kemudian saya mandi setelah merapikan tempat tidur. Saya sarapan dengan keluarga saya pada jam setengah 8.

Ayah berangkat ke kantor sesudah sarapan. Biasanya ibu pergi ke pasar pada jam 8 pagi. Saya dan adik saya bermain di taman dengan teman-teman pada jam 9 pagi. Kami harus pulang ke rumah sebelum jam 12 siang. Kami harus mencuci tangan sebelum makan siang. Kami tidur siang sesudah makan siang pada jam setengah 2.

Kami bangun pada jam 3 sore. Sesudah itu kami belajar sebelum mandi sore pada jam 5. Saya mandi sore waktu ibu memasak makan malam. Ayah pulang pada jam setengah 7. Adik saya menata meja makan waktu ayah mandi. Kami makan malam bersama pada jam 7 malam. Ibu mencuci piring sesudah makan malam. Saya mengupas mangga waktu ibu mencuci piring. Kami menonton TV bersama di ruang keluarga pada jam 8. Biasanya kami tidur pada jam 11 malam.

 liburan sekolah 학교 방학   menata meja 상을 차리다

인도네시아 집 방문하기

인도네시아 사람은 정이 많아 친해지기 쉽습니다. 친해지면 basa-basi가 아니고 진심으로 집으로 놀러 오라고 초대하기도 합니다. 어떠한 경우는 친척 결혼식이나 가족 행사에 초대하기도 합니다. 이때는 문화 체험이라고 생각하고 가 보는 게 좋을 것 같습니다.

인도네시아 사람의 집에 약속 없이 찾아가면 큰 실례가 될 수 있으니 가기 전에 미리 약속을 잡는 것이 좋습니다. 그리고 빈손이 아닌 간단한 간식거리 또는 과일 등을 선물로 사 가는 것이 좋습니다. 주택가에 사는 인도네시아 사람이면 찾아오는 손님과의 관계에 따라 모시는 곳이 다릅니다. 모르는 사람이거나 가스나 수도 계량기를 측정하는 직원이 찾아오면 울타리 앞이나 집 앞마당에서 모십니다. 그리고 이장이나 이웃집 그리고 일 때문에 찾아오는 사람이면 집 대문 앞에 있는 테라스에서 모시며, 친척이나 가까운 이웃 등의 지인은 응접실에서 모십니다. 거실은 집주인 허락 없이 들어가면 안 됩니다. 그 집의 거실 또는 식당까지 들어갈 수 있다면 정말 친하거나 가족처럼 여기는 겁니다.

가장 중요한 것은 인도네시아 집은 현관이 없어 응접실에 들어가기 전에 신발을 벗는 것이 좋습니다. 집주인이 그냥 신고 들어오라고 하면 신고 들어가면 됩니다.

부록

Pelajaran 1

1

(1) Nama saya Budi Susanto.
제 이름은 부디 수산토입니다.

Saya berasal dari Solo.
저는 솔로 출신입니다.

Saya tinggal di Jakarta.
저는 자카르타에서 삽니다.

Saya kuliah di Universitas Jakarta.
저는 자카르타 대학교에 다닙니다.

Senang berkenalan dengan Anda.
만나서 반갑습니다.

(2) Nama saya Naomi Smith.
제 이름은 나오미 스미스입니다.

Saya berasal dari Amerika.
저는 미국에서 왔습니다.

Saya tinggal di Menteng, Jakarta.
저는 자카르타 멘뗑에 삽니다.

Saya bekerja di PT Chosun Indonesia.
저는 조선 인도네시아 주식회사에서 일합니다.

Senang berkenalan dengan Anda.
만나서 반갑습니다.

(3) Nama saya Lidya Seran.
제 이름은 리디아 세란입니다.

Saya berasal dari Flores.
저는 플로레스출신입니다.

Saya tinggal di Jakarta.
저는 자카르타에 삽니다.

Saya kuliah di Program Studi Jepang
Universitas Jakarta.
저는 자카르타 대학교 일본학과에서 공부합니다.

Senang berkenalan dengan Anda.
만나서 반갑습니다.

2

(본인의 자기소개)

3 [MP3 01-6]

Sophie	Halo. Selamat siang.
Martono	Selamat siang.
Sophie	Siapa nama kamu?
Martono	Nama saya Martono. Dan kamu?
Sophie	Saya Sophie.
Martono	Kamu berasal dari mana?
Sophie	Saya berasal dari Prancis.
Martono	Senang berkenalan dengan kamu.
Sophie	Saya juga. Terima kasih.
Martono	Sama-sama.

소피	안녕.
마르토노	안녕.
소피	이름이 뭐예요?
마르토노	제 이름은 마르토노예요. 그쪽은요?
소피	저는 소피예요.
마르토노	어디서 왔어요?
소피	프랑스에서 왔어요.
마르토노	만나서 반가워요.
소피	저도요. 고마워요.
마르토노	천만에요.

Pelajaran 2

1

(1) Uang ini uang Anda.
(2) Jam itu jam dia.
(3) Mobil itu mobil beliau.
(4) Rumah itu rumah kami.
(5) Tas ini tas Anda.
(6) Dompet itu dompet beliau.
(7) Telepon ini telepon saya.
(8) Kamus itu kamus mereka.
(9) Sepatu itu sepatu kalian.
(10) Baju ini baju dia.

2

(1) Orang itu orang apa?

저 사람은 어느 나라 사람입니까?

(2) Lampu ini lampu LED.

이 등불은 LED등입니다.

(3) Buku itu buku bahasa Korea.

그 책은 한국어 책입니다.

(4) Orang itu teman saya.

저 사람은 제 친구입니다.

(5) Kursi ini kursi dari Jepang.

이 의자는 일본산 의자.

3 [MP3 02-6]

Tina	Pagi, Chul Soo.
Chul Soo	Eh, Tina. Selamat pagi.
Tina	Apa itu?
Chul Soo	Oh, ini es jus.
Tina	Es jus itu es jus apa?
Chul Soo	Ini es jus durian.
Tina	Kamu suka durian?
Chul Soo	Ya, saya suka durian.
Tina	Wah, hebat!
Chul Soo	Ah, bisa saja kamu ini.

띠나	철수야, 안녕.
철수	아, 띠나. 안녕.
띠나	그게 뭐야?
철수	아, 이것은 아이스 주스야.
띠나	그 아이스 주스는 무슨 아이스 주스야?
철수	이것은 두리안 아이스 주스야.
띠나	넌 두리안을 좋아해?
철수	응, 난 두리안을 좋아해.
띠나	우와, 대단하다!
철수	아, 별말씀을.

Pelajaran 3

1

(1) Budi adalah seorang mahasiswa.

부디는 대학생입니다.

(2) Amir adalah seorang polisi.

아미르는 경찰입니다.

(3) Tina adalah seorang suster.

띠나는 간호원입니다.

(4) Ali adalah seorang dosen.

알리는 교수입니다.

(5) Arman adalah seorang penyanyi.

아르만은 가수입니다.

(6) Hendra adalah seorang atlet.

헨드라는 선수입니다.

(7) Ahmad adalah seorang pedagang.

아흐마드는 상인입니다.

(8) Dani adalah seorang sopir.

다니는 운전 기사입니다.

(9) Santi adalah seorang dokter.

싼띠는 의사입니다.

(10) Indra adalah seorang pelukis.

인드라는 화가입니다.

2

(1) Kakak saya adalah seorang guru.

우리 언니는 선생님입니다.

(2) Bapak Kim bekerja di PT Samsung.

김 씨는 삼성 주식회사에서 일합니다.

(3) Kakak perempuan saya adalah seorang karyawan.

우리 누나는 회사원입니다.

(4) Anak orang tua saya adalah adik saya dan saya.

우리 부모님의 자식은 저와 동생입니다.

(5) Kakek dan nenek saya adalah orang Jawa.

우리 할아버지와 할머니는 자바사람입니다.

3 [MP3 03-6]

Martono	Siang, Sophie.
Sophie	Eh, Martono.
	Sudah lama tidak bertemu.
Martono	Omong-omong, siapa itu?
Sophie	Oh, itu adalah teman saya.

Martono	Siapa namanya?
Sophie	Namanya Chul Soo. Dia orang Korea.
Martono	Apa pekerjaan dia?
Sophie	Dia adalah seorang karyawan PT Chosun Indonesia.
Martono	Oh, ya?

마르토노	안녕, 소피야.
소피	아, 마르토노. 오랜만이야.
마르토노	그나저나, 그 사람은 누구야?
소피	아, 그쪽은 내 친구야.
마르토노	이름은 뭐야?
소피	이름은 철수야. 그는 한국 사람이야.
마르토노	직업은 뭐야?
소피	그는 조선 인도네시아 주식회사 직원이야.
마르토노	아, 그래?

Pelajaran 4

1

(1) dua ekor kucing
고양이 두 마리

(2) secangkir kopi
커피 한 잔

(3) tiga mangkuk mi
국수 세 그릇

(4) lima tangkai payung
우산 다섯 자루

(5) empat lembar saputangan
손수건 네 장

(6) segelas air
물 한 잔

(7) sembilan potong kue
케이크 아홉 조각

(8) dua pasang kaus kaki
양말 두 켤레

(9) enam buah jeruk
귤 여섯 개

(10) delapan batang bolpoin
볼펜 여덟 개

2

(1) Orang tua saya memiliki empat orang anak.
우리 부모님은 네 명의 자녀가 있습니다.

(2) Dia punya sebatang mawar dan sebentuk cincin. 그는 장미 한 송이와 반지 한 개를 가지고 있습니다.

(3) Chul Soo memiliki sebidang tanah di Korea.
철수는 한국에서 땅 한 필지를 소유하고 있습니다.

(4) Anda memiliki berapa ekor anjing?
당신은 개 몇 마리를 가지고 계십니까?

(5) Korea memiliki 9 buah provinsi dan 6 buah kota metropolitan.
한국은 9개의 도(道)와 6개의 광역시가 있습니다.

3 [MP3 04-6]

Sophie	Tina. Omong-omong, saya punya 5 buah permen. Kamu mau?
Tina	Wah, terima kasih. Tentu saja mau.
Sophie	Kamu mau berapa?
Tina	Saya mau dua saja.
Sophie	Baiklah.
Tina	Kamu mau susu cokelat? Saya punya 2 botol susu cokelat.
Sophie	Boleh. Terima kasih, ya.
Tina	Sama-sama.

소피	띠나야. 그나저나, 난 사탕 5개 있어. 먹을래?
띠나	우와, 고마워. 당연하지.
소피	몇 개를 원해?
띠나	난 두 개만 원해.
소피	알겠어.
띠나	초코우유를 원해? 난 초코우유 2병이 있어.
소피	그래. 고마워.
띠나	별말씀을.

Pelajaran 5

1

(1) Buku ada di dalam rak buku.
책은 책장 안에 있습니다.

(2) Anjing ada di sofa.
개는 소파에 있습니다.

(3) Kucing ada di bawah kursi.
고양이는 의자 아래에 있습니다.

(4) Kursi ada di depan meja.
의자는 책상 앞에 있습니다.

(5) Radio dan televisi ada di atas rak buku.
라디오와 텔레비전은 책장 위에 있습니다.

(6) Karpet ada di tengah kamar.
카페트는 방 가운데에 있습니다.

(7) Jendela ada di belakang sofa.
창문은 소파 뒤에 있습니다.

(8) Jam ada pada tembok.
시계는 벽에 있습니다.

(9) Sepatu ada di sebelah meja.
신발은 책상 옆에 있습니다.

(10) Lampu ada di atas meja.
스탠드는 책상 위에 있습니다.

2

(1) Kamar saya ada di lantai dua.
제 방은 2층에 있습니다.

(2) Ayah dan ibu ada di dalam rumah.
아빠와 엄마는 집 안에 있습니다.

(3) Rumah sakit ada di mana?
그 병원은 어디에 있습니까?

(4) Kalender itu ada pada tembok.
그 달력은 벽에 있습니다.

(5) Indonesia berada di antara benua Asia dan benua Australia.
인도네시아는 아시아와 오스트레일리아 대륙 사이에 있습니다.

3 [MP3 05-6]

Chul Soo	Aduh…
Tina	Kenapa, Chul Soo? Masih sakit?
Chul Soo	Iya. Rumah sakit ada di mana, ya?
Tina	Rumah sakit jauh dari sini.
Chul Soo	Aduh… Sakit sekali.

Tina	Di depan sana ada dokter umum.
Chul Soo	Oh, ya?
Tina	Iya. Di seberang toko roti. Ayo! Saya antar.
Chul Soo	Terima kasih, Tina.

철수	아야…
띠나	왜, 철수야? 아직도 아파?
철수	응. 병원은 어디에 있지?
띠나	병원은 여기서 멀어.
철수	아야… 매우 아파.
띠나	저 앞에 가정의학과가 있어.
철수	아, 그래?
띠나	응. 빵집 건너편에. 가자! 내가 같이 가 줄게.
철수	고마워, 띠나야.

Pelajaran 6

1

(1) Chul Soo menabung di bank.
철수는 은행에서 저축을 합니다.

(2) Maria tidur di kamar.
마리아는 방에서 잡니다.

(3) Ibu memasak makan malam di dapur.
어머니는 부엌에서 저녁을 요리합니다.

(4) Polisi ada di kantor polisi.
경찰은 경찰소에 있습니다.

(5) Bulan depan saya berangkat ke Indonesia.
저는 다음달에 인도네시아에 갑니다.

(6) Martono berwisata ke Bandung dengan teman-teman dia. 마르토노는 그의 친구와 함께 반둥에 여행을 갑니다.

(7) Kami menonton film di bioskop.
우리는 영화관에서 영화를 봅니다.

(8) Kakek membaca buku di perpustakaan.
할아버지는 도서관에서 책을 읽습니다.

(9) Rahmat berbelanja di pasar.
라흐맛은 시장에서 장을 봅니다.

(10) Martono mandi di kamar mandi.
마르토노는 욕실에서 목욕을 합니다.

(11) Sophie minum kopi di kafe.
소피는 카페에서 커피를 마십니다.

(12) Nenek pulang dari <u>rumah</u> <u>sakit</u>.
할머니는 병원에서 돌아옵니다.

(13) Andi <u>makan</u> nasi goreng di restoran.
안디는 식당에서 볶음밥을 먹습니다.

(14) Anak-anak itu berolahraga di <u>lapangan</u>.
그 아이들은 운동장에서 운동을 합니다.

(15) Ibu menunggu bus di <u>halte bus</u>.
어머니는 버스 정류장에서 버스를 기다립니다.

2

(1) Kami makan dan minum di ruang makan.
우리는 식당에서 먹고 마십니다.

(2) Ibu turun dari lantai 2.
어머니는 2층에서 내려옵니다.

(3) Ayah berangkat ke kantor.
아버지는 사무실로 출발합니다.

(4) Adik saya kembali dari sekolah.
제 동생은 학교에서 돌아왔습니다.

(5) Saya membaca dan menulis di dalam kamar.
저는 방 안에서 읽고 씁니다.

3 [MP3 06-6]

Sophie	Halo, Martono.
Martono	Eh, Sophie? <u>Apa</u> kabar?
Sophie	Baik. Kamu mau <u>ke</u> <u>mana</u>?
Martono	Oh, saya mau berangkat ke Bandung.
Sophie	Bandung?
Martono	Ya, saya mau <u>berwisata</u> ke Bandung dengan teman-teman saya.
Sophie	Wah, menyenangkan!
Martono	Saya akan mengirim kartu pos untuk kamu dari Bandung.
Sophie	Wah, terima kasih!

소피	안녕, 마르토노.
마르토노	아, 소피? 잘 지내?
소피	응. 어디 가?
마르토노	아, 난 반둥에 출발하려고 해.
소피	반둥?
마르토노	응, 난 친구와 함께 반둥에 여행가려고 해.
소피	우와, 재밌겠다!
마르토노	반둥에서 엽서를 보내 줄게.
소피	우와, 고마워!

Pelajaran 7

1

(1) Hari ini hari apa?
오늘은 무슨 요일입니까?
→ <u>Hari ini hari Sabtu.</u>
오늘은 토요일입니다.

(2) Besok hari apa?
내일 무슨 요일입니까?
→ <u>Besok hari Minggu.</u>
내일은 일요일입니다.

(3) Bulan ini bulan apa?
이번 달은 몇월입니까?
→ <u>Bulan ini bulan September.</u>
이번 달은 9월입니다.

(4) Kemarin hari apa?
어제는 무슨 요일입니까?
→ <u>Kemarin hari Jumat.</u>
어제는 금요일입니다.

(5) Bulan lalu bulan apa?
지난 달은 몇월입니까?
→ <u>Bulan lalu bulan Agustus.</u>
지난 달은 8월입니다.

(6) Dua bulan lalu bulan apa?
2달 전에 몇월입니까?
→ <u>Dua bulan lalu bulan Juli.</u>
2달 전은 7월입니다.

(7) Besok lusa hari apa?
내일 모레는 무슨 요일입니까?
→ <u>Besok lusa hari Senin.</u>
내일 모레는 월요일입니다.

2

(1) Kapan biasanya ibu pergi ke pasar? /
Ibu biasanya pergi ke pasar kapan?
어머니는 주로 언제 시장에 갑니까?

(2) Kami belajar bahasa Prancis pada hari Senin dan hari Rabu.
우리는 월요일과 수요일에 프랑스어를 배웁니다.

(3) Kapan dia datang ke sini?
그는 언제 여기로 옵니까?

(4) Kami beristirahat di rumah pada hari Minggu.
우리는 일요일에 집에서 쉽니다.

(5) Kamu makan di kantin pada hari apa?
너는 무슨 요일에 구내식당에서 먹습니까?

3 [MP3 **07-6**]

Tina	Jam berapa kamu datang, Chul Soo?
Chul Soo	Saya datang tadi jam 8 pagi.
Tina	Kapan dan di mana kamu makan siang?
Chul Soo	Nanti saya makan siang di kantin. Kenapa?
Tina	Saya mau makan siang dengan kamu.
Chul Soo	Oh, boleh saja.
Tina	Nanti saya tunggu di depan, ya?
Chul Soo	Baiklah. Saya datang jam 12 siang.
Tina	Sampai nanti.

띠나	철수야, 몇시에 왔어?
철수	난 아까 아침 8시에 왔어.
띠나	언제 그리고 어디서 점심을 먹을 거야?
철수	이따가 나는 구내식당에서 점심을 먹을 거야. 왜?
띠나	난 같이 밥을 먹고 싶어서.
철수	아, 그러자.
띠나	이따가 저 앞에서 기다리고 있을게, 알겠지?
철수	알겠어. 낮 12시에 올게.
띠나	이따 보자.

Pelajaran **8**

1

(1) Bagaimana cuaca Seoul besok?
내일 서울 날씨는 어떻습니까?

→ Besok Seoul cerah dan sejuk.
내일 서울은 맑고 시원합니다.

(2) Bagaimana cuaca Jakarta besok?
내일 자카르타 날씨는 어떻습니까?

→ Besok Jakarta berawan dan panas.
내일 자카르타는 구름이 끼고 덥습니다.

(3) Bagaimana cuaca Berlin besok?
내일 베를린 날씨는 어떻습니까?

→ Besok Berlin bersalju dan dingin.
내일 베를린은 눈이 오고 춥습니다.

(4) Bagaimana cuaca Moskow besok?
내일 모스코바 날씨는 어떻습니까?

→ Besok Moskow berangin dan dingin.
내일 모스코바는 바람이 불고 춥습니다.

(5) Bagaimana cuaca Sydney besok?
내일 시드니 날씨는 어떻습니까?

→ Besok Sydney cerah dan panas.
내일 시드니는 맑고 덥습니다.

2

(1) Rasa kimchi pedas dan asam.
김치의 맛은 맵고 십니다.

(2) Cuaca besok dan besok lusa panas dan lembap.
내일과 모레의 날씨는 덥고 습합니다.

(3) Laki-laki itu tinggi, tampan, dan ramah.
저 남자는 키가 크고 잘생겼고 친절합니다.

(4) Bagaimana cuaca di Jakarta hari ini dan besok?
오늘과 내일의 자카르타 날씨는 어떻습니까?

(5) Apa warna pagar rumah Anda?
당신의 집 울타리의 색깔은 무엇입니까?

3 [MP3 **08-6**]

Sophie	Sepeda kamu bagus juga, Martono.
Martono	Terima kasih. Omong-omong cuaca hari ini cerah, ya?
Sophie	Iya, tetapi hari ini panas.
Martono	Kamu mau minum Teh Botol dingin?
Sophie	Bagaimana rasa Teh Botol?
Martono	Hmm. Rasa Teh Botol manis dan agak pahit.
Sophie	Boleh. Ayo kita minum Teh Botol dingin.
Martono	Ayo.

소피	자전거가 꽤 멋지네, 마르토노.
마르토노	고마워. 그나저나 오늘 날씨가 맑네?
소피	응, 하지만 오늘은 더워.
마르토노	차가운 테보똘(홍차 음료) 맛실래?
소피	테보똘의 맛은 어때?
마르토노	음. 테보똘의 맛은 달고 약간 써.
소피	그러자. 우리 차가운 테보똘 마시자.
마르토노	그러자.

Pelajaran 9

1

(1) Tikus lebih kecil daripada gajah.
쥐는 코끼리보다 더 작습니다.

(2) Kopi lebih enak daripada teh.
커피는 차보다 더 맛있습니다.

(3) Celana lebih mahal daripada jin.
바지는 청바지보다 더 비쌉니다.

(4) Kaktus lebih cantik daripada mawar.
선인장은 장미보다 더 예쁩니다.

(5) Bahasa Tionghoa lebih susah daripada bahasa Prancis.
중국어는 프랑스어보다 더 어렵습니다.

(6) Sosis lebih enak daripada satai ayam.
소시지는 닭꼬치보다 더 맛있습니다.

(7) Sandal lebih nyaman daripada sepatu olahraga.
샌들은 운동화보다 더 편합니다.

(8) Kaus lebih murah daripada kemeja.
티셔츠는 와이셔츠보다 더 쌉니다.

(9) Jeruk lebih manis daripada lemon.
귤은 레몬보다 더 달콤합니다.

(10) Chul Soo lebih langsing daripada Martono.
철수는 마르토노보다 더 날씬합니다.

2

(1) Cuaca di Jakarta terlalu panas.
자카르타의 날씨는 너무 덥습니다.

(2) Kamu adalah wanita paling cantik di dunia.
당신은 세상에서 가장 예쁜 여자입니다.

(3) Bahasa Jepang lebih mudah daripada bahasa Inggris.
일본어는 영어보다 더 쉽습니다.

(4) Sepatu saya sama bagus dan mahal dengan sepatu dia.
제 신발은 그의 신발만큼 좋고 비쌉니다.

(5) Inggris lebih jauh daripada Amerika Serikat.
영국은 미국보다 더 멉니다.

3 [MP3 09-6]

Tina	Chul Soo! Menurut kamu bagaimana terusan ini?

Chul Soo	Wah! Terusan itu sangat cantik dan manis.
Tina	Kamu yakin?
Chul Soo	Ya. Warna kuning sangat cocok untuk kamu.
Tina	Ah, masa?
Chul Soo	Iya. Model terusan itu juga cocok.
Tina	Kalau begitu saya ambil terusan ini.
Chul Soo	Tapi harga terusan itu agak mahal.
Tina	Tidak apa-apa. Saya juga suka terusan ini.

띠나	철수야! 이 원피스를 어떻게 생각해?
철수	와! 그 원피스는 아주 예쁘고 귀여워.
띠나	확실해?
철수	응. 너한테는 노란색이 잘 어울린다.
띠나	에이, 설마?
철수	어. 그 원피스의 모델도 잘 어울려.
띠나	그러면 이 원피스를 살게.
철수	하지만 그 원피스 값은 좀 비싸.
띠나	괜찮아. 나는 역시 이 원피스가 마음에 들어.

Pelajaran 10

1

(1) Apakah warna anjing itu hitam.
그 개의 색깔은 검은색입니까?
→ Bukan, warna anjing itu bukan hitam.
아니오, 저 개의 색깔은 검은색이 아닙니다.

(2) Apakah itu lemon?
그것이 레몬입니까?
→ Bukan, itu bukan lemon.
아니오, 그것은 레몬이 아닙니다.

(3) Apakah warna ayam itu putih?
그 닭의 색깔은 하얀색입니까?
→ Bukan, warna ayam itu bukan putih.
아니오, 그 닭의 색깔은 하얀색이 아닙니다.

(4) Apakah monyet makan apel?
원숭이는 사과를 먹습니까?

→ Tidak, monyet itu tidak makan apel.
아니오, 저 원숭이는 사과를 먹지 않습니다.

(5) Apakah itu ikan hiu?
저것은 상어입니까?

→ Bukan, itu bukan ikan hiu.
아니오, 그것은 상어가 아닙니다.

(6) Apakah rasa apel pedas?
사과의 맛은 맵습니까?

→ Tidak, rasa apel tidak pedas.
아니오, 사과의 맛은 맵지 않습니다.

(7) Apakah warna anak bebek putih?
새끼 오리의 색깔은 하얀색입니까?

→ Bukan, warna anak bebek bukan putih.
아니오, 쇠오리(새끼 오리)의 색은 하얀색이 아닙니다.

(8) Apakah rasa durian pahit?
두리안의 맛은 씁니까?

→ Tidak, rasa durian tidak pahit.
아니오, 두리안의 맛은 쓰지 않습니다.

(9) Apakah itu macan?
저것은 호랑이입니까?

→ Bukan, itu bukan macan.
아니오, 저것은 호랑이가 아닙니다.

(10) Apakah kamu punya nanas?
너는 파인애플을 가지고 있습니까?

→ Tidak, saya tidak punya nanas.
아니오, 저는 파인애플이 없습니다.

2

(1) Apakah rasa rambutan sangat manis?
람부탄의 맛은 아주 달콤합니까?

(2) Dia bukan pria paling ganteng di sini.
그는 여기서 가장 잘생긴 남자가 아닙니다.

(3) Bahasa Indonesia tidak sama mudah dengan
bahasa Inggris.
인도네시아어는 영어만큼 쉽지 않습니다.

(4) Ayah ibu saya bukan nenek saya.
제 어머니의 아버지는 제 할머니가 아닙니다.

(5) Kami kurang suka buah-buahan.
우리는 과일을 별로 안 좋아합니다.

3 [MP3 **10-6**]

Chul Soo	Tina!
	Saya dengar kamu suka jus wortel.
Tina	Ya, kenapa?

Chul Soo	Rasa jus wortel tidak pahit?
Tina	Tidak.
	Rasanya segar dan sangat manis.
Chul Soo	Tidak amis?
Tina	Tidak. Baunya enak sekali.
Chul Soo	Saya rasa saya tidak akan suka.
Tina	Itu jus semangka?
Chul Soo	Bukan, ini jus stroberi.

철수	띠나! 나는 네가 당근주스를 좋아한다고 들었어.
띠나	응, 왜?
철수	당근 주스는 안 써?
띠나	아니. 맛은 신선하고 아주 달콤해.
철수	비린내가 안 나?
띠나	아니. 냄새가 아주 좋아.
철수	난 별로 안 좋아할 것 같아.
띠나	그건 수박 주스야?
철수	아니. 이건 딸기 주스야.

Pelajaran **11**

1

(1) 어머니는 공원에서 산책을 한다.	c
(2) 영희는 시장에서 장을 본다.	g
(3) 시띠는 인도네시아어를 가르친다.	d
(4) 마르토노는 카페에서 커피를 산다.	j
(5) 라흐맛은 운동하는 것을 좋아한다.	i
(6) 나는 지하철을 탄다.	h
(7) 철수는 도서관에서 공부를 한다.	a
(8) 그 사람은 집에 들어간다.	b
(9) 소피는 피아노를 연주한다.	f
(10) 선생님은 교실에서 나온다.	e

2

(1) Ibu mau mengiris dan menumis sayur di
dapur. 어머니는 부엌에서 야채를 썰고 볶으려고 합니다.

(2) Chul Soo dan Sophie tiak berasal dari
Indonesia.
철수와 소피는 인도네시아에서 오지 않았습니다.

(3) Kami tidak tahu dan tidak kenal laki-laki itu.
우리는 그 남자를 모르고 알지도 못합니다.

(4) Toko itu buka jam 8 pagi dan tutup jam 8 malam.
그 가게는 아침 8시에 문을 열고 저녁 8시에 문을 닫습니다.

(5) Dia tidak suka belajar di dalam kafe.
그녀는 카페 안에서 공부하는 것을 안 좋아합니다.

3 [MP3 11-6]

Martono	Malam, Sophie. Bisa berbicara sebentar?
Sophie	Ada apa?
Martono	Saya mau minta maaf.
Sophie	Tidak apa-apa. Saya juga minta maaf.
Martono	Saya tidak mau bertengkar dengan kamu.
Sophie	Saya juga. Saya mau terus bersahabat dengan kamu.
Martono	Saya juga. Maafkan saya, ya?
Sophie	Maafkan saya juga. Kemarin saya terlalu emosi.
Martono	Ah. Tidak apa-apa.

마르토노	안녕, 소피. 잠시 이야기할 수 있어?
소피	무슨 일이야?
마르토노	난 사과하고 싶어.
소피	괜찮아. 나도 사과하고 싶었어.
마르토노	난 역시 너랑 싸우고 싶지 않아.
소피	나도. 난 계속 친구가 되고 싶어.
마르토노	나도. 용서해 줘, 응?
소피	나도 용서해 줘. 어제 난 너무 흥분했어.
마르토노	아니. 괜찮아.

Pelajaran 12

1

(1) Berapa tinggi Gunung Bromo?
브로모산의 높이는 어떻게 됩니까?
→ Tinggi Gunung Bromo 2.329 meter.
브로모산의 높이는 2,329미터입니다.

(2) Berapa kecepatan Shinkansen itu?
저 신칸센의 속도는 어떻게 됩니까?
→ Kecepatan Shinkansen itu 320 kilometer per jam.
저 신칸센의 속도는 시속 320킬로미터입니다.

(3) Berapa luas Pulau Bali?
발리섬의 면적이 어떻게 됩니까?
→ Luas Pulau Bali 5.780 kilometer persegi.
발리섬의 면적은 5,780제곱킬로미터입니다.

(4) Berapa berat beras itu?
저 쌀의 무게는 어떻게 됩니까?
→ Berat beras itu 2 kilogram.
저 쌀의 무게는 2킬로그램입니다.

(5) Berapa usia Istana Gyeongbokgung?
경복궁은 세워진 지 얼마나 됩니까?
→ Usia Istana Gyeongbokgung 625 tahun.
경복궁은 세워진 지 625년이 되었습니다.

(6) Berapa jumlah apel itu?
그 사과의 수는 어떻게 됩니까?
→ Jumlah apel ini 15 buah.
이 사과의 수는 총 15개입니다.

(7) Berapa volume Teh Botol?
테보똘의 내용물은 어떻게 됩니까?
→ Volume Teh Botol 220 mililiter.
테보똘의 내용물은 220밀리리터입니다.

(8) Berapa harga semangkuk udon?
우동 한 그릇의 가격은 어떻게 됩니까?
→ Harga semangkuk udon 3.000 won.
우동 한 그릇의 가격은 3,000원입니다.

(9) Berapa lebar meja itu?
그 테이블의 폭은 어떻게 됩니까?
→ Lebar meja ini 2 meter
이 책상의 넓이는 2미터입니다.

(10) Berapa umur bayi itu?
그 아이의 나이는 어떻게 됩니까?
→ Umur bayi itu 5 bulan.
저 아기의 나이는 5개월입니다.

2

(1) Anak pertama saya lahir pada bulan Agustus.
제 첫 아이는 8월에 태어났습니다.

(2) Tinggi gunung itu adalah 200 meter.
그 산의 높이는 200미터입니다.

(3) Umur laki-laki itu 40 tahun.
저 남자의 나이는 40세입니다.

(4) Cucu kedua Anda lahir pada tanggal berapa?
당신의 둘째 손주는 며칠에 태어났습니까?

(5) Saya melihat rok itu kemarin dan membelinya hari ini.
전 그 치마를 어제 봤고 오늘 샀습니다.

3 [MP3 12-6]

Tina	Chul Soo. Terima kasih, ya.
Chul Soo	Sama-sama. Sekarang jam berapa, ya?
Tina	Sekarang baru jam setengah sembilan.
Chul Soo	Syukurlah kita tidak terlambat.
Tina	Omong-omong, Saya harus membayar berapa?
Chul Soo	Ah, tidak usah.
Tina	Eh, jangan! Saya tidak enak, loh.
Chul Soo	Tidak apa-apa. Lain kali kamu harus mentraktir saya makan siang.
Tina	Baiklah.

띠나	철수야. 고마워.
철수	아냐. 지금 몇 시지?
띠나	지금 8시 반밖에 안 됐어.
철수	우리는 다행히 안 늦었네.
띠나	그런데, 내가 얼마 내야 돼?
철수	에이, 안 내도 돼.
띠나	그러지 마 그러면 안 돼.
철수	괜찮아. 다음에 점심을 사 주면 돼.
띠나	알았어.

Pelajaran 13

1

(1) Kami pergi berwisata ke Jepang dengan pesawat.
우리는 비행기를 타고 일본으로 여행갑니다.

(2) Asisten rumah tangga kami mencuci baju dengan bersih.
우리 가정부는 옷을 깨끗이 세탁합니다.

(3) Kereta itu berjalan dengan cepat.
그 기차는 빨리 달립니다.

(4) Murid-murid itu selalu menulis dengan bolpoin biru atau hitam.
그 학생들은 항상 파란색 또는 검은색 볼펜으로 씁니다.

(5) Penyanyi wanita itu menyanyi dengan sangat merdu.
그 여가수는 아주 낭랑하게 노래합니다.

(6) Para petugas bekerja dengan hati-hati di lapangan.
직원들은 현장에서 조심해서 일합니다.

(7) Paman menggunting kukunya dengan gunting kuku.
삼촌은 손톱을 손톱깎이로 깎습니다.

(8) Adik membuat prakarya dengan tangannya di sekolah.
동생은 학교에서 손으로 공작을 만듭니다.

(9) Dia tidak pernah berjalan dengan tergesa-gesa ke kantornya.
그는 회사에 급하게 걸어간 적이 없습니다.

(10) Setiap hari dia pulang dan pergi ke kampus dengan mobil barunya.
그는 매일 그의 새 차를 타고 대학교에 왔다갔다 합니다.

2

(1) Orang tua kami sering berjalan-jalan di taman.
우리 부모님은 공원에서 자주 산책합니다.

(2) Kami selalu makan siang di kantin sekolah.
우리는 항상 학교 식당에서 점심을 먹습니다.

(3) Anak laki-laki saya tidak pernah bangun pada jam 6.
제 아들은 6시에 일어난 적이 없습니다.

(4) Nenek pergi ke rumah sakit sebulan sekali.
할머니는 한 달에 한 번 병원에 갑니다.

(5) Adik saya bertemu dengan pacarnya 3 kali dalam seminggu.
우리 동생은 일주일에 3번 애인을 만납니다.

3 [MP3 13-6]

Siti	Kalian pergi ke mana liburan kemarin?
Chul Soo	Kami berjalan-jalan ke Yogyakarta, Bu.
Siti	Dengan siapa saja?
Sophie	Bersama teman-teman sekelas.
Siti	Kalian pergi ke Yogyakarta dengan apa?
Chul Soo	Kami pergi naik kereta Argo Lawu.
Siti	Kalian pergi ke mana saja di Yogyakarta?
Sophie	Kami pergi ke candi Borobudur dan Prambanan, Bu.
Chul Soo	Kami juga makan di Jalan Malioboro.

시띠	지난 방학에 어디 갔다 왔어?
철수	우리는 족자카르타에 놀러갔어요.
시띠	누구누구랑?
소피	반 친구들이랑요.
시띠	족자카르타에 뭐 타고 갔어요?
철수	우리는 아르고라우 기차를 탔어요.
시띠	족자카르타에서 어디어디 갔어요?
소피	우리는 보로부두르와 프람바난 사원에 갔어요, 선생님.
철수	우리는 역시 말리오보로에서 먹었어요.

Pelajaran **14**

1
(1) Ibu saya mau berkenalan dengan pacar adik saya. 제 어머니는 동생의 애인을 알고 싶어합니다.
(2) Kami tidak boleh berbahasa Korea di dalam kelas bahasa Indonesia.
우리는 인도네시아어 교실에서 한국어를 쓰면 안 됩니다.
(3) Anak-anak itu masih tidur pada jam 5 pagi.
그 아이들은 아침 5시에는 여전히 자고 있습니다.

(4) Pesawat kami akan berangkat 2 jam lagi.
우리 비행기는 2시간 이후에 출발할 겁니다.
(5) Para penonton harus menonton dengan tenang di bioskop. 관람객은 영화관에서 조용히 봐야 합니다.
(6) Ibu sedang beristirahat di kamar.
어머니는 방에서 쉬고 있습니다.
(7) Chul Soo sudah pernah berjaln-jalan ke Pulau Lombok. 철수는 롬복섬에 놀러간 적이 있습니다.
(8) Kakek dan nenek suka mendengarkan lagu-lagu lama. 할아버지와 할머니는 옛날 곡을 듣는 것을 좋아합니다.
(9) Pasien itu masih sakit dan belum boleh pulang ke rumah. 그 환자는 여전히 아프고 아직 퇴원하면 안 됩니다.
(10) Murid-murid ibu Siti sudah bisa berbahasa dengan lancar.
시띠 선생님의 제자들은 인도네시아어를 원활하게 할 수 있습니다.

2
(1) Murid kelas 1 SD belum boleh menulis dengan bolpoin. 초등학교 1학년생은 아직은 볼펜으로 쓰면 안 됩니다.
(2) Saya belum makan dan masih lapar.
저는 아직 안 먹었고 아직도 배고픕니다.
(3) Kami sudah pernah berwisata ke Malaysia dan Indonesia.
우리는 말레이시아와 인도네시아에 여행을 간 적이 있습니다.
(4) Murid-murid belum bisa berbahasa Indonesia.
제자들은 아직 인도네시아어를 할 수 없습니다.
(5) Kita akan berangkat ke Bandung pada jam 9 pagi. 우리는 아침 9시에 반둥에 출발할 겁니다.

3 [MP3 14-6]

Tina	Bagaimana Taman Mini, Martono?
Martono	Besar sekali, ya?
Tina	Sayang sekali hari ini sangat panas.
Martono	Bagaimana kalau kita naik kereta gantung?
Tina	Kamu mau naik kereta gantung?
Martono	Iya. Berapa harga tiket kereta gantung itu?
Tina	Kalau tidak salah 15.000 rupiah.
Martono	Ayo kita naik kereta gantung saja!
Tina	Ayo! Kita bisa melihat miniatur Indonesia dari kereta gantung.

띠나	마르토노, 민속촌은 어때?
마르토노	아주 크네.
띠나	아쉽게도 오늘은 매우 더워.
마르토노	곤돌라를 타는 게 어때?
띠나	곤돌라를 타고 싶어?
마르토노	응. 그 곤돌라 이용료는 얼마야?
띠나	틀리지 않으면 15,000루피아야.
마르토노	그냥 곤돌라를 타자!
띠나	그래! 곤돌라에서 인도네시아의 축소형 모형을 볼 수 있어.

Pelajaran 15

1

(1) Kami berjalan kaki <u>sampai</u> rumah tadi malam.
우리는 어젯밤에 집까지 걸어서 갑니다.

(2) Nenek tidak <u>mau</u> pergi dengan kami ke supermarket.
할머니는 우리와 함께 슈퍼에 가고 싶어하지 않습니다.

(3) Saya menangis <u>waktu</u> menonton film romantis itu. 저는 그 낭만적인 영화를 볼 때 울었습니다.

(4) Murid-muid ibu Siti tidak berasal <u>dari</u> Indonesia.
시띠 선생님의 제자들은 인도네시아에서 오지 않았습니다.

(5) Kami harus berapat pada jam 4 sore <u>sebelum</u> pulang kantor pada jam 5 sore.
우리는 오후 5시에 퇴근하기 전인 오후 4시에 회의를 해야 합니다.

(6) Ayah <u>belum</u> makan malam waktu pulang kantor.
아버지는 퇴근할 때 아직 저녁을 안 먹었습니다.

(7) Naomi <u>suka</u> berolahraga sebelum masuk kantor pada jam 8 pagi.
나오미는 아침 8시에 출근하기 전에 운동하는 것을 좋아합니다.

(8) Kakak tidak pernah bekerja <u>sampai</u> larut malam.
형은 밤늦게까지 일한 적이 없습니다.

(9) Kita tidak boleh berenang <u>sesudah</u> makan.
우리는 저녁을 먹은 후에 수영하면 안 됩니다.

(10) Kantor itu berdiri <u>sejak</u> tahun 1991.
그 회사는 1991년부터 설립되었습니다.

2

(1) Kami menonton TV di ruang keluarga sebelum tidur.
우리는 자기전에 거실에서 텔레비전을 봅니다.

(2) Dia terjatuh dan terluka waktu sedang bersepeda.
그는 자전거를 타다가 넘어지고 다쳤습니다.

(3) Kami selalu bekerja sejak jam 9 pagi hingga jam 5 sore.
우리는 항상 아침 9시부터 오후 5시까지 일합니다.

(4) Dari Seoul sampai Jakarta memakan waktu 7 jam dengan pesawat.
서울에서 자카르타까지 비행기로 7시간이 걸립니다.

(5) Kita harus berdoa sebelum dan sesudah makan.
우리는 밥을 먹기 전과 먹은 후에 기도해야 합니다.

3 [MP3 15-6]

Tina	Apa yang kamu lakukan sebelum datang ke sini?
Chul Soo	Tentu saja saya <u>berpakaian</u> sebelum datang ke sini.
Tina	Sebelum itu, kamu tidak <u>mandi</u> dulu?
Chul Soo	Saya sudah <u>mandi</u> tadi malam.
Tina	Kamu mandi berapa kali dalam sehari?
Chul Soo	Sekali saja dalam sehari.
Tina	Orang Indonesia mandi 2 kali sehari.
Chul Soo	Repot sekali. Malas, ah!
Tina	Ih, jorok!

띠나	여기 오기 전에 뭐 했어?
철수	여기 오기 전에 당연히 옷을 입었지.
띠나	그 전에, 목욕을 안 했어?
철수	어젯밤에 이미 씻었어.
띠나	하루에 몇 번 씻어?
철수	하루에 한 번만.
띠나	인도네시아 사람은 하루에 2번 씻어.
철수	번거롭네. 귀찮아!
띠나	야, 더러워!

맛보기 해석

Pelajaran 1

[MP3 01-1]

시띠 : 안녕하세요. 너희들의 이름이 뭐예요?
철수 : 안녕하세요, 선생님. 제 이름은 철수예요.
소피 : 안녕하세요, 선생님. 제 이름은 소피예요.

[MP3 01-2]

띠나 : 안녕. 내 이름은 띠나야. 네 이름은 뭐야?
철수 : 내 이름은 철수야.
띠나 : 너는 어디서 왔어?
철수 : 나는 한국에서 왔어.

[MP3 01-3]

소피 : 안녕, 잘 지내?
마르토노: 응. 너는?
소피 : 좋아. 고마워.
마르토노: 고맙긴.

[MP3 01-4]

철수 : 소피야, 너는 어디에 살아?
소피 : 나는 마르곤다에 있는 하숙집에 살아. 너는?
철수 : 나는 끌라빠가딩에 살아.

Pelajaran 2

[MP3 02-1]

시띠 : 저 책은 무슨 책이야?
철수 : 이 책은 한국어 책이야.

[MP3 02-2]

마르토노: 저 가방은 누구의 가방이야?
띠나 : 이 가방은 내 가방이야.

[MP3 02-3]

철수 : 저 사람은 어느 나라 사람이야?
소피 : 그는 이탈리아 사람이야.

[MP3 02-4]

띠나 : 저 사람은 누구야?
소피 : 그녀는 철수의 친구야. 이름은 나오미야.

Pelajaran 3

[MP3 03-1]

여자 : 그녀는 누구예요?
남자 : 이쪽은 제 아내, 수시라고 해요.

[MP3 03-2]

남자 : 그 남자는 누구예요?
띠나 : 그는 한국에서 온 제 친구인 철수예요.

[MP3 03-3]

소피 : 마르토노야, 너의 어머니의 직업은 뭐야?
마르토노: 우리 엄마는 가정주부야.

[MP3 03-4]

기자 : 선생님, 직업이 뭐예요?
화가 : 저는 화가예요.

Pelajaran 4

[MP3 04-1]

소피 : 넌 형제 몇 명이 있어?
띠나 : 나는 언니 두 명이 있어.

[MP3 04-2]

마르토노: 너는 개 몇 마리가 있어?
철수 : 나는 한국에 개 한 마리가 있어.

[MP3 04-3]

소피 : 선생님은 아이가 몇 명이에요?
시띠 : 저는 아이가 세 명이에요.

[MP3 04-4]

여자 : 자카르타는 강이 몇 개 있어요?
남자 : 자카르타는 강이 하나 있고, 찔리웅강이에요.

Pelajaran 5

[MP3 05-1]

철수 : 화장실은 어디에 있어?
띠나 : 화장실은 도서관 1층에 있어.

[MP3 05-2]

남자 : 병원은 어디에 있어요?
띠나 : 병원은 저쪽에 있어요.

[MP3 05-3]

시띠 : 너의 가방 안에 뭐가 있어?
철수 : 제 가방 안에 책과 연필통과 물병이 있어요.

[MP3 05-4]

소피 : 말랑시에 뭐가 있어요?
마르토노: 말랑시에 동물원이 있어요.

Pelajaran 6

[MP3 06-1]

철수 : 너는 어디에 가려고 해?
소피 : 나는 발리섬에 여행을 가.

[MP3 06-2]

시띠 : 너는 어디에서 점심을 먹었어?
철수 : 나는 학교 식당에서 점심을 먹었어.

[MP3 06-3]

시띠 : 당신은 어디서 왔어요?
학생 : 저는 호주에서 왔어요.

[MP3 06-4]

소피 : 너는 어디에 갔다 왔어?
마르토노: 난 집에서 막 왔어.

Pelajaran 7

[MP3 07-1]

소피 : 오늘은 무슨 요일이야?
띠나 : 오늘은 수요일이야.

[MP3 07-2]

철수 : 이번 달은 몇월이야?
마르토노: 이번 달은 1월이야.

[MP3 07-3]

여자 행인 : 사모님, 지금 몇시예요?
시띠 : 지금 3시예요.

[MP3 07-4]

띠나 : 너는 언제 한국에서 왔어?
철수 : 나는 작년에 인도네시아에 왔어.

Pelajaran 8

[MP3 08-1]

띠나 : 너의 집의 색깔이 뭐야?
소피 : 나의 집의 색깔은 하얀 색이야.

[MP3 08-2]

마르토노: 김치 맛은 어때?
철수 : 김치 맛은 시고 매워.

[MP3 08-3]

철수 : 오늘 날씨는 어때?
띠나 : 오늘은 맑고 더워.

[MP3 08-4]

시띠 : 마르토노는 어떻게 생겼어?
소피 : 마르토노는 키가 크고 통통하고 친절해요.

Pelajaran 9

[MP3 09-1]

철수　　 : 그 치마는 어때?
띠나　　 : 이 치마는 너무 커.

[MP3 09-2]

마르토노: 인도네시아어는 어때?
소피　　 : 인도네시아어는 프랑스어보다 쉬워.

[MP3 09-3]

시띠　　 : 이 교실에 누가 가장 예뻐?
철수　　 : 이 교실에는 시띠 선생님이 가장 예뻐요.

[MP3 09-4]

철수　　 : 누가 나이가 더 많아? 너 아니면 리디아?
띠나　　 : 리디아는 나랑 같은 나이야.

Pelajaran 10

[MP3 10-1]

마르토노: 사장님, 이 두리안 맛은 어때요?
상인　　 : 이 두리안의 맛은 달고 아주 맛있어요.

[MP3 10-2]

소피　　 : 저 귤의 맛은 셔?
띠나　　 : 아니, 이 귤의 맛은 안 셔.

[MP3 10-3]

시띠　　 : 그것은 너의 강아지야?
철수　　 : 아니, 이 강아지는 내 강아지가 아니야.

[MP3 10-4]

띠나　　 : 소피는 파파야를 좋아해?
마르토노: 아니, 소피는 파파야를 안 좋아해.

Pelajaran 11

[MP3 11-1]

남동생　: 엄마는 무엇을 튀겨?
누나　　 : 엄마는 부엌에서 생선을 튀겨.

[MP3 11-2]

누나　　 : 너는 누구랑 싸웠어?
남동생　: 난 학교에서 친구랑 싸웠어.

[MP3 11-3]

남동생　: 누나는 그 사람을 알아?
누나　　 : 아니, 나는 그 사람을 몰라.

[MP3 11-4]

누나　　 : 너는 어젯밤 몇시에 잤어?
남동생　: 난 어젯밤 저녁 12시에 잤어.

Pelajaran 12

[MP3 12-1]

소피　　 : 선생님의 첫째 아이의 나이는 몇 살입니까?
시띠　　 : 나의 첫째 아이의 나이는 17살이야.

[MP3 12-2]

철수　　 : 너의 그 책은 얼마야?
마르토노: 나의 책은 35,000루피아야.

[MP3 12-3]

띠나　　 : 너는 며칠에 태어났어?
소피　　 : 나는 9월 21일에 태어났어.

[MP3 12-4]

띠나　　 : 너는 어제 그 와이셔츠를 샀어?
철수　　 : 응, 나는 어제 그 와이셔츠를 샀어.

Pelajaran 13

[MP3 13-1]

소피 : 너는 무엇을 타고 학교에 가?

띠나 : 나는 앙꼿을 타고 학교에 가.

[MP3 13-2]

철수 : 너는 누구랑 반둥에 가?

마르토노: 나는 혼자서 반둥에 가.

[MP3 13-3]

시띠 : 너는 어젯밤 어떻게 공부했어?

철수 : 나는 열심히 공부했어.

[MP3 13-4]

소피 : 너는 일주일에 몇 번 운동을 해?

마르토노: 나는 일주일에 한 번만 운동을 해.

Pelajaran 14

[MP3 14-1]

철수 : 너는 점심을 먹었어?

띠나 : 아니, 난 점심을 아직 안 먹었어.

[MP3 14-2]

소피 : 너는 사진을 찍는 것을 좋아해?

마르토노: 응, 나는 사진을 찍는 것을 좋아해.

[MP3 14-3]

철수 : 선생님, 취미가 무엇이에요?

시띠 : 내 취미는 책을 읽고 음악을 듣는 것이야.

[MP3 14-4]

띠나 : 오늘 한국의 날씨는 어때?

철수 : 오늘 한국의 날씨는 좋아졌어.

Pelajaran 15

[MP3 15-1]

소피 : 너는 아침을 먹기 전에 무엇을 했어?

띠나 : 나는 아침을 먹기 전에 목욕을 했어.

[MP3 15-2]

철수 : 우리는 바닥을 쓴 후에 무엇을 해야 해?

마르토노: 우리는 바닥을 쓴 후에 물청소를 해야 해.

[MP3 15-3]

시띠 : 무슨 일이 있었어, 소피?

소피 : 나는 요리하다가 손가락이 칼에 베였어.

[MP3 15-4]

띠나 : 철수야, 너는 왜 그래?

철수 : 나는 운동하다가 다리를 삐었어.

읽기 해석

Pelajaran 1

[MP3 01-7]

안녕하세요.
제 이름은 마리아 크리스티나입니다.
저는 자카르타 출신이고 자카르타에 삽니다.
저는 자카르타 대학교 한국학과에 다닙니다.
여러분과 알게 되어 반갑습니다.

[MP3 01-8]

안녕하세요. 잘 지내고 있어요?
제 이름은 드위 마르토노예요.
마르토노라고 불러 주세요.
저는 자카르타 대학교에서 공부합니다.
여러분과 알게 되어 반가워요.

[MP3 01-9]

안녕하세요.
제 이름은 시띠 레스따리입니다.
저는 족자카르타에서 왔습니다.
저는 자카르타 대학교에서 가르칩니다.
여러분과 알게 되어 반갑습니다.

Pelajaran 2

[MP3 02-7]

안녕하세요.
소개할게요, 이쪽은 제 친구예요.
제 친구의 이름은 나오미예요.
그녀는 멘뗑에 삽니다.
그녀는 저와 함께 조선 인도네시아 주식회사에서 일합니다.

[MP3 02-8]

모두, 안녕하세요!
소개할게요, 이쪽은 저의 반 친구예요.
그는 이탈리아에서 왔고 지금 데뽁에 살아요.
그의 이름은 루이기예요.
루이기는 나와 철수와 함께 인도네시아어를 공부해요.

[MP3 02-9]

여러분, 안녕하세요?
소개할게요, 이쪽은 제 남편이에요.
제 남편의 이름은 라흐맛이에요.
제 남편은 집에서 일합니다.
우리는 족자카르타에서 왔지만 데뽁에 살아요.

Pelajaran 3

[MP3 03-7]

우리 가족

제 이름은 안토 위자야입니다. 저는 자카르타에서 왔습니다. 저는 인도네시아 대학교 일본학과 학생입니다. 소개하겠습니다. 이쪽은 우리 가족입니다. 우리 가족은 자카르타에 삽니다. 우리 아버지의 이름은 아흐마드 위자야이고 우리 어머니의 이름은 시띠 누르시아입니다. 우리 아버지는 자카르타국립 대학교의 교수입니다. 우리 어머니는 가정주부입니다. 우리 누나는 지금 남편과 함께 반둥에 삽니다. 우리 누나의 이름은 랏나입니다. 누나는 Kimia Farma 주식회사의 회사원입니다. 우리 남동생의 이름은 안디입니다. 그는 제1 국립 중학생입니다.

Pelajaran 4

[MP3 04-7]

인도네시아

인도네시아는 2개의 바다와 2개의 대륙 사이에 있습니다. 인도네시아는 인도양과 태평양 사이에 있습니다. 인도네시아는 역시 아시아와 호주 대륙 사이에 있습니다. 인도네시아는 2개의 계절만을 가지고 있습니다. 그것은 바로 우기와 건기입니다. 인도네시아는 3개의 시간을 가지고 있습니다. 서부·중부·동부의 인도네시아 시간입니다. 인도네시아는 34개의 주를 가지고 있습니다. 인도네시아는 약 2억 5천만 명의 인구와 300개 이상의 민족을 가지고 있습니다. 그 외에도 인도네시아는 737개 이상의 언어를 가지고 있습니다.

Pelajaran 5

[MP3 05-7]

철수의 아파트

여기는 철수의 아파트입니다. 철수의 아파트는 끌라빠가딩에 있습니다. 철수의 아파트 안에는 소파 하나, 책상 하나, 텔레비전 하나, 작은 장롱 하나, 그리고 책장 하나가 있습니다.

문 앞에 소파가 있고 소파 위에 쿠션 하나가 있습니다. 소파 뒤에는 커튼이 있는 창문이 있습니다. 벽에 시계가 있습니다. 벽시계 앞에 텔레비전 하나와 작은 서랍장 하나가 있습니다. 텔레비전과 소파의 사이에 테이블 하나가 있습니다. 테이블 위에 찻잔 2개와 보온병 하나가 있습니다. 텔레비전 뒤에 책장이 있고 책장 안에 책들이 있습니다. 책장과 텔레비전 근처에 스탠드 하나가 있습니다.

Pelajaran 6

[MP3 06-7]

우리 집

소개할게요, 제 이름은 마리아 크리스티나입니다. 띠나라고 불러 주십시오. 우리 아버지와 어머니는 플로레스(Flores)에서 왔습니다. 저와 동생은 자카르타에서 태어났고 자카르타에 삽니다. 저는 자카르타시 빠사르밍구(Pasar Minggu)에 가족과 함께 삽니다. 저는 21살입니다. 저는 자카르타 대학교 한국학과 학생입니다.

우리 집에는 응접실 하나, 거실 하나, 식당 하나, 부엌 하나, 욕실 2개, 침실 3개 그리고 창고 하나가 있습니다. 저와 동생의 방은 2층에 있습니다. 제 방과 동생의 방 사이에 욕실이 하나 있습니다. 우리 부모님 방은 1층에 있으며, 응접실과 거실에서 가깝습니다. 우리 가족은 식당에서 아침과 저녁을 먹습니다. 저와 동생은 거실에서 텔레비전을 보는 것을 좋아합니다. 어머니는 부엌에서 요리하고 아버지는 응접실에서 신문을 읽습니다.

Pelajaran 7

[MP3 07-7]

저는 인도네시아어 선생님입니다

저는 자카르타 대학교의 인도네시아어 선생님입니다. 저는 매일 초급과 중급에서 가르칩니다. 제 학생들은 미국, 프랑스, 일본, 한국, 호주, 이탈리아 등에서 왔습니다. 저는 학생들에게 가르칠 수 있어 기쁩니다.

저는 주로 아침 8시에 도착합니다. 인도네시아어 수업은 아침 9시에 시작하고 11시 50분에 끝납니다. 저는 12시에 다른 선생님들과 학교 식당에서 점심을 먹습니다. 낮 인도네시아어 수업은 1시에 시작하고 오후 4시에 끝납니다. 저는 주로 5시에 집에 돌아갑니다. 저는 토요일과 일요일에 가르치지 않고 집에서 쉽니다.

Pelajaran 8

[MP3 08-7]

일기 예보

오늘 서부 인도네시아는 구름이 끼고 비가 옵니다. 수마트라 섬의 강우량은 자바 섬의 강우량보다 더 높습니다. 보르네오 섬에는 비가 안 오지만 아주 습합니다. 중부 인도네시아는 맑고 발리, 서부 누사텡가라, 동부 누사텡가라의 기온은 28도입니다. 술라웨시 섬의 기온은 약 32도입니다. 동부 인도네시아의 날씨는 흐립니다. 기온은 약 28도입니다.

Pelajaran 9

[MP3 09-7]

제 친한 친구

제 이름은 드위 마르토노입니다. 마르토노라고 불러 주십시오. 저는 자카르타 대학교 대학원생입니다. 저는 29살이고 인도네시아 자카르타시에 삽니다. 저는 통통하고, 키가 꽤 크고, 반 곱슬머리를 가졌으며 검은 피부입니다.

소개할게요, 이쪽은 제 친한 친구인 부디 수산토입니다. 부디라고 불러 주세요. 부디와 저는 똑같이 자카르타 대학교 대학원에서 공부합니다. 부디는 저보다 1살 더 어리지만, 저보다 더 어른스럽습니다. 또한, 부디는 저보다 더 날씬하지만 키는 저와 같습니다. 그는 생머리로 저와 같은 검은 피부를 가집니다. 부디는 아직 애인이 없습니다. 부디와 알고 지낼 생각이 있습니까?

Pelajaran 10

[MP3 10-7]

인도네시아어를 공부하기

제 이름은 소피이고 저는 파리 대학교에서 온 교환학생입니다. 저는 파리 출신이 아니지만, 파리에서 공부합니다. 저는 지금 자카르타 대학교에서 인도네시아어를 공부하고 있습니다. 저는 자카르타에 살지 않습니다. 저는 지금 데뽁의 마르곤다에 있는 자취집에 삽니다.

저는 월요일부터 금요일까지 인도네시아어를 공부합니다. 저는 주말에 학교에서 인도네시아어를 공부하지 않지만 집 또는 카페에서 제 친구인 마르토노와 함께 인도네시아어 공부를 합니다. 마르토노는 자카르타 대학교 학부생이 아니라 대학원생입니다. 저는 마르토노와 인도네시아어를 공부할 수 있어 기쁩니다.

Pelajaran 11

[MP3 11-7]

철수와 나오미의 일상생활

철수는 매일 주로 아침 6시에 일어납니다. 철수는 매일 자카르타 대학교에서 인도네시아어를 공부해야 합니다. 낮에 철수는 일하러 회사에 갑니다. 오후에 철수는 주로 보고서를 쓰고 읽으며 회의를 하고 거래처와 만나고 비즈니스 세미나에 참석합니다.
나오미는 철수의 동료입니다. 나오미는 인도네시아어를 배우지 않습니다. 그녀는 아침 5시에 일어나고 8시에 출근합니다. 그녀는 동료와 함께 낮 1시에 점심을 먹습니다. 오후에 나오미는 가끔 회의를 하고 거래처와 만나고 철수와 함께 비즈니스 세미나에 참석합니다.

Pelajaran 12

[MP3 12-7]

루이기 코스타와 그의 가족

루이기 코스타는 로마 대학교 출신 교환학생입니다. 그는 로마 출신이지만 지금 자카르타 대학교에서 인도네시아어를 공부하고 있습니다. 그의 나이는 22살이고 키가 182센티미터입니다. 그는 지금 중부 자카르타 멘뗑(Menteng)에 삽니다.
루이기의 가족은 로마에 삽니다. 루이기는 3형제 중 첫째입니다. 그의 아버지는 48세이고 고등학교 선생님입니다. 그의 어머니는 46세이고 가정주부입니다. 루이기의 첫 번째 동생은 20살이고, 두 번째 동생은 15살입니다. 첫 번째 동생은 로마예술 대학교에서 여전히 공부하고 있으며, 두 번째 동생은 아직 고등학생입니다. 루이기는 그의 가족을 아주 사랑합니다.

Pelajaran 13

[MP3 13-7]

우리는 낚시를 좋아합니다

저는 랏나 꾸수마닝시흐입니다. 저는 가족과 함께 찌레본(Cirebon)에 삽니다. 저는 제1 국립중학교에 다닙니다. 저는 동생 한 명이 있습니다. 제 동생은 제5 국립 초등학교에 다닙니다. 저와 동생은 통학 버스를 타고 학교에 갑니다. 제 어머니는 회사에서 일하며 어머니는 차를 타고 회사에 갑니다. 아버지는 프리랜서이고 집에서 일합니다. 우리는 바다에서 낚시하는 것을 좋아합니다. 아버지는 낚시를 안 좋아합니다. 우리는 거의 일요일마다 낚시를 합니다. 우리는 낚싯대와 미끼를 사용해서 낚시를 합니다. 일요일 저녁에 우리는 주로 아버지와 함께 집에서 생선 직화구이를 먹습니다.

Pelajaran 14

[MP3 14-7]

우리의 인도네시아어 교실

안녕하세요. 여러분과 만나 뵙게 되어 반갑습니다. 우리는 인도네시아에서 오지 않았고 인도네시아인이 아닙니다. 우리는 자카르타 대학교 대학생입니다. 우리는 아직 인도네시아어를 잘 못하고 자카르타 대학교의 인도네시아어 어학당 중급반에서 공부하고 있습니다. 우리는 반에서 함께 공부하는 것을 좋아합니다.
우리 선생님은 아주 친절합니다. 그 분의 성함은 수디르만이고 우리는 빡 디르만(Pak Dirman)이라고 부릅니다. 디르만 선생님은 자카르타 사람이 아닙니다. 디르만 선생님은 족자카르타 출신입니다. 디르만 선생님은 친절하고 인내심이 많고 또한 착합니다. 선생님은 가르칠 때 늘 웃습니다. 우리는 선생님 덕분에 인도네시아어 공부를 좋아합니다.

Pelajaran 15

[MP3 15-7]

학교 방학

학교 방학은 지난주 월요일에 시작했습니다. 저는 매일 아침 7시에 일어납니다. 그다음에 저는 침대를 정리한 후 목욕을 합니다. 7시 반에 저는 가족과 함께 아침을 먹습니다.
아버지는 아침 식사 후에 사무실로 출발합니다. 어머니는 주로 8시에 시장에 갑니다. 저와 동생은 9시에 친구들과 함께 공원에서 놉니다. 우리는 낮 12시 전까지 집에 가야 합니다. 우리는 점심을 먹기 전에 손을 씻어야 합니다. 점심 이후에 1시 반에 낮잠을 잡니다.
우리는 오후 3시에 일어납니다. 그다음에 우리는 5시에 오후 목욕을 하기 전에 공부합니다. 어머니가 저녁을 만들 때 저는 목욕을 합니다. 아버지는 6시 반에 집에 돌아옵니다. 우리 동생은 아버지가 목욕할 때 식탁을 차립니다. 우리는 7시에 함께 저녁을 먹습니다. 저녁 식사 후에 어머니는 설거지를 합니다. 어머니가 설거지할 때 나는 망고를 깎습니다. 저녁 8시에 우리는 거실에서 함께 텔레비전을 봅니다. 우리는 주로 밤 11시에 잡니다.

기초 단어

A

abu-abu	회색
AC	에어컨
ada	있다
adalah	~이다
adik	동생, 손아래
adik sepupu	사촌 손아래
Afrika	아프리카
agak	약간, 좀
agenda	다이어리
Agustus	8월
Ah!	아!, 이런!, 아이고!
air panas	온수(뜨거운 물)
akan	~할 것이다, ~하겠다
akhir	마지막, 최후, 끝
akhir minggu	주말
aktor	남배우
aktris	여배우
aku	나 (1인칭)
Amerika	미국
ambil	[찾기] mengambil
amis	비리다, 비린내 나다
ampun	용서, 세상에!, 어머니!
anak	아이, 자식, 자녀
Anda	당신 (2인칭 높임)
Anda sekalian	당신들
anggota	구성원, 단원, 회원
anggota tubuh	신체 부위
angka	숫자
angkot	도시형 대중 버스
anjing	개
antar	[찾기] mengantar
antara	사이
apa	무엇, 무슨, 어느
apa saja	무엇무엇, 무엇이든, 아무거나
apakah	가부 의문문에 쓰이는 의문사
apartemen	아파트
apel	사과
apotek	약국
April	4월
air	물
artis	연예인
asam	시다

asar	오후, 이슬람교 세 번째 기도 시간
Asia	아시아
asin	짜다
asisten rumah tangga	가사도우미
aspek	면, 상
aspek waktu	시상(時相)
asrama	기숙사
astaga	세상에!, 신이시여!
asyik	열정적이다, 분주하다
atas	위
atlet	선수
Australia	호주
awal	처음, 최초, 시작
ayah	아버지
ayam	닭
ayo	~하자 (청유 감탄사)
azan	이슬람교에서 기도를 하도록 외치는 소리

B

babi	돼지
badai	태풍
badai salju	눈보라
badan	몸
bagaimana	어떠한가, 어떻게 (의문사)
bagian	부분
bagus	좋다, 예쁘다
bahasa	언어
bahu	어깨
baik	좋다, 착하다
baik hati	착하다, 마음이 좋다
baiklah	알겠다, 알았다
baju	옷, 상의
bakar	(직화) 굽다
bandara	공항
bangun	일어나다, 일어서다, 기상하다
bangun tidur	잠에서 일어난다, 깨다
bank	은행
bantal	베개
banyak	많다
bapak	아버지, ~씨 (남)
bapak-bapak	여러분 (남)

barat	서녘	berat	무겁다, 무게
baru	새롭다	berawan	구름이 끼다
baru (saja)	지금 막, 금방, 방금	berbahasa	언어를 하다
basa-basi	예의범절	berbelanja	장을 보다, 쇼핑하다
batang	그루, 봉	berdagang	사업하다, 장사하다
batik	원단에 인도네시아 전통 문양을 만드는 기술과 그 기술로 만든 원단	berdandan	화장하다
		berdarah	피가 나다, 출혈하다
		berdiri	서다, 설립하다
batuk	기침이 나다	berdoa	기도하다
bawah	아래	berenang	수영하다
bebek	오리	beristirahat	쉬다, 휴식하다
beberapa	몇몇의	berjalan	걷다, 걸어서 가다, 작동하다, 진행되다
bebersih	청소하다		
becak	승객용 삼륜 자전거	berjalan-jalan	산책하다, 놀러 가다
begini	이렇다	berjalan kaki	걷다, 걸어서 가다
begitu	그렇다	berjumpa	만나다
beha	브래지어	berkabut	안개가 끼다
bekerja	일하다	berkeluarga	가족이 있다
belah	쪽 (쌍으로 되어 있는 것 중에 하나를 의미하는 수량사)	berkenalan	알게 되다, 인사하다
		berkulit	피부를 가지다
belajar	배우다, 공부하다	berlari	달리다
belakang	뒤, (조심스레 말할 때) 화장실	berlibur	휴가를 보내다, 놀러 가다
Belanda	네덜란드	bermain	놀다, 연주하다, (악기를) 치다, (스포츠를) 하다
beliau	그분, 저분, 당신 (3인칭 높임)		
beliau sekalian	그분들, 저분들, 당신들	bermain game	게임을 하다
belimbing	카람볼라	bermain internet	인터넷을 하다
belum	아직 안 ~하다, 아직 ~하지 않다 (부정사)	bermain piano	피아노를 연주하다
		bermain tenis	테니스를 치다
bemo	삼륜 승합차	berminat	관심을 가지다
benci	증오하다, 싫어하다	berminyak	기름지다, 기름기가 있다
bentuk	개 (보석이나 악세서리를 셀 때 쓰는 수량사)	bernyanyi	노래하다
		berolahraga	운동하다
benua	대륙	berpakaian	옷을 입다, 갈아입다
berada	있다, 위치하다	bersabun	비누질하다
berambut	머리카락을 가지다	bersalju	눈이 내리다
beranda	베란다	bersama	함께, 같이
berangin	바람이 불다	bersantai	여유를 가지고 쉬다
berangkat	출발하다	bersekolah	학교에 다니다
berangkat kerja	출근하러 가다	bersepeda	자전거를 타다
berani	용감하다	bersih	깨끗하다
berantakan	어지럽다, 어수선하다	bertanya	묻다, 질문하다
berapa	얼마, 몇	berteman	친구를 사귀다
berapa saja	몇몇, 얼마든	bertemu	만나다
berapat	회의하다	bertengkar	싸우다, 다투다
berasal	~에서 왔다, ~ 출신이다	berumur	나이를 가지다

berwisata	여행을 가다
besar	크다
besok	내일
besok lusa	(내일) 모레
biasanya	주로, 보통
bibi	고모, 숙모, 외숙모, 백모, 이모
bibir	입술
bidang	필지
biliun	조(兆), 십억(=triliun)
binatang	동물, 맹수
bintang film	배우
bioskop	영화관
biru	파란색
bisa	가능하다
bisnis	비즈니스, 사업
blazer	블레이저
blus	블라우스
boleh	~해도 좋다, ~하면 된다, 그래/그러시죠(제안에 응할 때)
bolpoin	볼펜
boros	낭비하다, 사치하다
bosan	지루하다
botol	병
Brunei	브루나이
buah	열매, 개 (수량사)
buah-buahan	과일
bubur	죽
buka	문열다, 열리다, 영업하다
bukan	~이/가 아니다 (부정사)
buku	책
buku tulis	공책
bulan	월, 달
bulan depan	다음 달
bulan ini	이번 달
bulan lalu	지난 달
bunga	꽃
bungsu	막내
buruk	못생겼다
burung	새 (조류)
bus	버스
bus antar kota	시외 버스
bus jemputan	통학 셔틀버스
bus kota	시내 버스
bus pariwisata	관광 버스
butir	톨, 알 (수량사)

candi	돌로 만든 힌두교 또는 불교 사원
cangkir	컵, 찻잔
cantik	예쁘다
cara	방법
celana	바지
celana dalam	팬티
celana pendek	반바지
cepat	빠르다
cerah	맑다
ceroboh	서투르다, 꼴사납다
Cina	중국의 옛말(=Tiongkok)
cincin	반지
cocok	알맞다, 일치하다, 어울리다
cokelat	갈색, 초콜릿
corak	무늬
cuaca	날씨
cucu	손주
cukup	꽤, 충분히
cuma	단지, 오로지, 오직
curah	떨어지는 물의 양
curah hujan	강우량

D

dada	가슴
daging	고기
dah	안녕!, 잘 가!
dalam	안
dan	그리고, ~하고, ~와/과, ~(이)랑
danau	호수
dan lain-lain	기타, 등등
dapur	부엌
dari	~로부터, ~에서
daripada	~보다
dasi	넥타이
datang	오다
dekat	가깝다, 가까이
dengan	~와 함께, ~로, ~히, ~하게
depan	앞, 다가오는, 올
depan	앞

기초 단어

derajat	지위, 수준, 도
desainer	디자이너
Desember	12월
detik	초
dewasa	성인, 성숙하다
di	~에, ~에서
dia	그, 그녀
diare	설사를 하다
diftong	이중모음
digraf	이중자음
dingin	춥다, 불친절하다, 차갑다, 냉정하다
dokter	의사
dokter umum	가정의학과 의사
dolar	달러
dompet	지갑
dosen	교수, 대학 강사
drama	드라마
duduk	앉다
dulu	먼저, 우선, 예전, 옛날
dunia	세계, 세상
durian	두리안

ekor	꼬리, 마리 (수량사)
emosi	감정, 감동, 흥분하다
enak	맛있다, 편하다
Eropa	유럽

F

Februari	2월
filateli	우표수집
Filipina	필리핀
film	영화
fotografi	사진촬영
frekuensi	빈도

gading	상아, 상아색
gajah	코끼리

galak	엄격하다, 사납다, 화를 잘 내다
ganteng	잘생겼다
garasi	차고
gaun	드레스
gelap	어둡다
gelas	잔, 컵
gembira	즐겁다, 기쁘다
gemuk	통통하다
gereja	교회, 성당
gerimis	보슬비, 이슬비가 오다
getir	아리다, 얼얼하다
gigi	이, 치아, 이빨
golf	골프
gorden	커튼
goreng	볶다, 굽다, 튀기다
gram	그램
gudang	창고
gugur	(군인이) 전사하다
gunting	가위
gunting kuku	손톱깎이
gunung	산
gurih	감칠맛이 나다
guru	선생님, 교사, 강사

H

ha ha ha	웃는 소리
halaman	마당
halo	안녕!, 여보세요!
halte / halte bus	버스 정류장
hambar	싱겁다, 밍밍하다
hangat	따뜻하다
hanya	단지, 오로지, 오직
harga	값, 가격
hari	일, 날, 요일
hari biasa	평일
hari ini	오늘
hari libur	휴일, 쉬는 날
harum	향기가 나다, 향이 좋다
harus	~해야 한다
hati-hati	조심하다, 주의하다
hebat	대단하다, 굉장하다
helai	장, 매, 벌

hemat	절약하다
hewan	동물, 맹수
hidung	코
hijau	녹색
hingga	~까지
hitam	검은색
hiu	상어
hobi	취미
horor	공포
hotel	호텔
hujan	비가 오다, 비
hujan es	우박이 내리다, 우박
hujan salju	눈이 오다, 눈
hujan turun	비가 내리다
huruf	문자, 글자
huruf hidup	모음
huruf mati	자음

ibu	어머니, ~씨 (여)
ibu rumah tangga	가정주부
ibu-ibu	여러분 (여)
ikal	곱슬머리, 고수머리
ikan	생선 (물고기)
ikat pinggang	벨트, 허리띠
ikut	따르다, 따라가다
indekos	자취집, 하숙집
Indonesia	인도네시아
ingat	기억하다
Inggris	영국
ini	이것, 이
instan	즉석의, 인스턴트
intonasi	억양, 성조
isi	내용, 내용물, 속
istri	아내, 부인
isya	저녁, 이슬람교 다섯 번째 기도 시간
Italia	이탈리아
itu	그것, 저것, 그, 저
iya	네, 예, 그래

jahat	악하다, 나쁘다, 못되다
jaket	점퍼, 바람막이
jam	시, 시간, 시계
jambu	잠부
jangan	안 돼!, 하지 마! (부정사)
Januari	1월
jarang	드물다
jas	재킷
jatuh	떨어지다
jauh	멀다
jelek	못생겼다, 나쁘다, 추하다
jendela	창문
Jepang	일본
Jerman	독일
jeruk	귤
jin	청바지
jingga	주황색, 오렌지색
joran	낚싯대
jorok	더럽다, 지저분하다
juga	역시
Juli	7월
Jumat	금요일
jumlah	수
jumpa	[찾기] berjumpa
Juni	6월
jus	주스, 즙
juta	백만

~ kali sehari	하루에 ~번
~ku	나의, 나를
kabar	소식
kacang	콩, 땅콩
kacang ijo	녹두
kadang / kadang-kadang	가끔
kafe	카페
kakak	손위, 형, 오빠, 누나, 언니
kakak beradik	형제
kakak sepupu	사촌 손위
kakek	할아버지, 조부
kaki	다리, 발

kaktus	선인장	kata seru	감탄사
kala	시제	kata sifat	형용사
kalau	~하면	kata tanya	의문사
kalender	달력	kata tunjuk	지시사
kali	번, 회 (수량사)	kaus	티셔츠
kalian	너희들	kaus kaki	양말
kalimat	문장	ke	~에, ~로
kalimat intransitif	자동사	ke-	~번째
kalimat transitif	타동사	kebetulan	우연
kamar	방, 침실	kebun	마당, 정원
kamar kecil	화장실	kebun binatang	동물원
kamar mandi	욕실, 화장실	kecelakaan	사고
kamar tamu	손님방	kecepatan	속도
kamar tidur	침실	kecil	작다
kambing	염소	kegiatan	활동
Kamboja	캄보디아	kelas	교실
kami	우리 (청자 제외)	kelinci	토끼
Kamis	목요일	keluar	나가다, 나오다
kampus	캠퍼스, 대학교	keluarga	가족
kamu	너	kemarin	어제
kamus	사전	kemarin dulu	그저께
kanan	오른쪽, 우측	kembali	(제자리에) 돌아가다, 돌아오다
kantin	구내식당	kemeja	와이셔츠
kantor	회사, 사무실	kenal	(사람 따위) 알다
kantor polisi	경찰 파출소	kenapa	왜?
kantor pos	우체국	kendaraan	탈 것, 교통 수단, 차량
kapal	배, 화물 배	kepala	머리
kapal feri	연락선	keponakan	조카
kapal laut	화물선	keramas	머리를 감다
kapal pesiar	유람선	kereta / kereta api	기차
karena	~때문에	kereta bawah tanah	지하철
karpet	카펫	kereta gantung	곤돌라, 케이블카
kartu	카드	keterangan cara	방법 부사어
kartu pos	엽서	keterangan frekuensi	빈도 부사어
karyawan	회사원, 직원	keterangan tempat	장소 부사어
kasar	거칠다	keterangan waktu	시간 부사어
kasih	사랑	kilogram	킬로그램(kg)
kata	낱말, 단어	kilometer	킬로미터(km)
kata benda	명사	kilometer per jam	시속
kata ganti	대명사	kilometer persegi	제곱킬로미터(km²)
kata kerja	동사	kimono	(헐렁하게 만든 가정용) 가운
kata kerja bantu	조동사	kini	현재, 지금
kata keterangan	부사어	kipas angin	선풍기
kata penggolong	수량사	kira-kira	대략, 대충, 약, 한
kata penghubung	접속사	kiri	왼쪽, 좌측

kita	우리 (청자 포함)	langsing	날씬하다
koki	요리사	langsung	즉시, 바로, 직접
koleksi	수집	lantai	층, 바닥, 마루
komik	만화책, 만화	Laos	라오스
komputer	컴퓨터	lapangan	광장, 운동장, 경기장, 분야
konser	공연, 콘서트	laporan	보고서
konsonan	자음	larut	녹다, 용해되다, 깊어지다,
kopi	커피		멀어지다
koran	신문	laut	바다, 해
Korea	한국	larut malam	늦은 밤
Korea Selatan	대한민국	lawan	적, 상대
Korea Utara	북한	lawan kata	반의어
kosakata	어휘	lebar	(폭이) 넓다, (세로의) 길이, 폭
kosong	비다, 비어 있다	lebih	더, 오버하다, 초과하다
kota	마치	leher	목
kota metropolitan	광역시, 대도시	lemari	장, 찬장, 벽장, 장롱
kotor	더럽다	lembap	습하다
kucing	고양이	lembar	장, 매, 벌
kue	과자, 케이크	lembut	부드럽다
kuku	손톱, 발톱	lemon	레몬
kuliah	(대학교) 다니다, 공부하다,	lewat	지나다, 통하다, 지나가다
	수업을 듣다	liburan	휴가, 방학
kuning	노란색	liburan sekolah	학교 방학
kuping	귀	lihat	보다
kurang	부족하다, 덜하다, 덜	lihat!	봐라! (보다의 명령형)
kurang lebih	대략, 약, 한	liter	리터(ℓ)
kursi	의자, 좌석	loteng	다락방
		luar	밖
		luas	(면적이) 넓다, 면적, 넓이
L		lukisan	그림, 액자
		lumayan	꽤, 그런대로 괜찮다
lafal	발음	lupa	잊다
lagi	또, 다시	lusa	모레
lahap	(먹는 모습이) 맛있다,	lusin	다스 (12개)
	게걸스럽다	lutut	무릎
lahir	태어나다, 탄생하다		
lain	다른		
lain kali	다음에	**M**	
laki-laki	남자, 남성		
lakukan	[찾기] melakukan	~mu	너의, 너를
lama	오래되다	maaf	미안하다, 죄송하다, 용서
lambat	느리다	maafkan	용서해 주세요
lampu	등, 스탠드, 전구	macan	호랑이
langit	하늘	magrib	해 질 녘,
langit-langit	천장		이슬람교 네 번째 기도 시간

기초 단어

mahal	비싸다	memakai	쓰다, 사용하다, 이용하다, 착용하다, 입다, 신다
mahasiswa	대학생	memakan	소비하다, 걸리다
majalah	잡지	memancing	낚시하다, 낚다
makan	먹다	memanggil	부르다
makan malam	저녁을 먹다, 정식	membaca	읽다
makan pagi	아침을 먹다, 조식	membakar	(직화로) 굽다, 태우다
makan siang	점심을 먹다, 중식	membersihkan	청소하다
makanan	음식	membuang	버리다
mal	쇼핑몰	membuat	만들다
malam	저녁, 밤	membuka	열다
malas	게으르다, 귀찮다	memburuk	나빠지다
Malaysia	말레이시아	memerah	빨개지다
mana	어디, 어느	memiliki	가지고 있다, 소유하다
mana saja	어디든, 어디어디	memotong	자르다, 깎다, 끊다, 베다, 썰다
manajer	팀장, 과장	memotret	사진을 촬영하다
mandi	씻다, 목욕하다	memperkenalkan	소개시켜 주다
mangga	망고	memukul	때리다
manggis	망고스틴	menabung	저축하다
mangkuk	그릇, 공기	menantu	사위, 며느리
manis	달다, 귀엽다, 예쁘다, 사랑스럽다	menari	춤을 추다
		memasak	요리하다
mantel	코트, 외투	menata	정리하다, 배열하다
Maret	3월	menata meja	상을 차리다
mari	~하자 (청유 감탄사)	mencuci	씻다, 빨다
masa	진짜로, 정말로	mencuci baju	빨래하다
masakan	요리	mencuci muka	세수하다
masih	아직, 여전히	mencuci piring	설거지하다
masjid	이슬람교 사원	mendekat	다가가다, 가까워지다
masuk	들어가다, 들어오다	mendengar	듣다
masuk angin	감기에 걸리다	mendengarkan	(귀 기울여) 듣다, 경청하다
masuk kantor	출근하다, 출근	mendung	흐리다
mata	눈(眼)	menelepon	전화를 걸다
matahari	태양, 해	mengambil	집어가다, 줍다, 가져가다
mati	죽다	mengantar	데려다 주다, 갖다 주다
mau	원하다, ~고 싶다	mengajar	가르치다
mawar	장미	mengecil	작아지다
Mei	5월	mengelap	행주질하다, 닦다
meja	책상, 테이블, 상	mengepel	물청소를 하다, 걸레질하다
melainkan	~반면에, ~가 아니라	menggambar	그림을 그리다(그림, 디자인)
melakukan	하다, 행하다, 수행하다, 집행하다	menggoreng	볶다, 굽다, 튀기다
		menggosok	닦다, 문질러서 닦다
melati	재스민	menggosok gigi	이를 닦다, 양치질하다
melihat	보다	menggunung	산더미가 되다
melompat	뛰다	mengiris	썰다, 베다

mengobrol	대화하다, 한담하다	mimisan	코피가 나다
mengoleksi	수집하다, 모으다	minggu	주
mengunci	잠그다	Minggu	일요일
menguning	노랗게 되다	minggu depan	다음 주
mengupas	껍질을 벗기다, 껍질을 까다	minggu ini	이번 주
menikah	결혼하다, 혼인하다	minggu lalu	지난주
meninggal	(사람이) 죽다	miniatur	미니어처, 모형
meningkat	늘다, 증가하다, 상승하다	minta	요청하다
menit	분(分)	minta maaf	용서를 구하다
menjauh	멀어지다	minum	마시다
menjemur	말리다, 널다	mi instan	라면
menjual	팔다, 판매하다	mobil	자동차
menonton	관람하다, 시청하다, 보다	mohon	신청하다, 요청하다, 간청하다
mentraktir	한턱을 내다, 쏘다	motor	오토바이
menulis	쓰다, 적다, 집필하다	mual	메스껍다
menumis	살짝 볶다	muda	어리다, 젊다, 연하다
menurun	하락하다, 점차 내려가다	mudah	쉽다
menurut	~에 따르면, ~의 생각에	mulai	시작하다
menutup	닫다	mulut	입
menyanyi	노래하다	murah	싸다
menyapu	쓸다, 빗질하다	murah hati	잘 베풀다, 손이 크다
menyayangi	사랑하다	murid	제자, 학생
menyeberang	건너다, 횡단하다	musik	음악
menyenangkan	재미있다, 만족스럽다	musim	계절, 철
menyetrika	다림질하다	musim gugur	가을
menyikat	(솔로) 닦다, 빗다	musim hujan	우기
menyikat gigi	이를 닦다, 양치질하다	musim kemarau	건기
merah	빨간색	musim panas	여름
merapikan	정리하다, 정돈하다	musim salju	겨울
merdu	듣기 좋다, 낭랑하다	musim semi	봄
merebus	삶다, 데치다	Myanmar	미얀마
mereka	그들		
merokok	담배를 피우다	**N**	
mertua	장인, 시부모		
merupakan	이다	~nya	그의, 그녀의, 그것의, 그를, 그녀를, 그것을
Mesir	이집트		
meter	미터(m)	naik	올라가다, 올라오다, 오르다, 타다
meter per detik	초속		
meter persegi	제곱미터(m²)	naik gunung	등산을 가다
metro	지하철	nama	이름
metropolitan	대도시	nanas	파인애플
mi	국수, 면	nanti	나중, 이따
mikrolet	소형 대중 교통 버스	nasi	밥
miliar	십억	nasi goreng	볶음밥
mililiter	밀리리터(ml)		

기초 단어

negara	나라	patah tulang	뼈가 부러지다, 골절되다
negeri	나라, 국가, 국립, 정부	pedagang	사업가, 상인
nenek	할머니, 조모	pedas	맵다
nila	자주색	pegawai negeri	공무원
November	11월	pekerja lepas	프리랜서
nyaman	아늑하다, 편하다, 유쾌하다	pekerjaan	일, 직업
nyamuk	모기	pelajar	학생
		pelajaran	과, 장, 공부할 것
		pelit	인색하다, 구두쇠

O

Oh!	아!, 이런! (유감을 나타내는 감탄사)	pelukis	화가
		pemakaian	사용, 용도, 쓰임
ojek	영업용 오토바이	pemandangan	풍경, 경관
oke	오케이(OK)	pemusik	음악가
Oktober	10월	penampilan	인상, 외모
ombak	파도	pendek	짧다, 키가 작다
omong-omong	그나저나	penduduk	주민, 국민
ongkos	요금, 소비용, 소요경비	penggaris	자
orang	명, 사람	penghapus	지우개
orang tua	부모	pengusaha	사업가
oranye	주황색, 오렌지색	pensil	연필
otot	근육	penyakit	질병, 병
		penyanyi	가수
		pepaya	파파야
		perada	금박지, 금으로 만들어진 원단이나 실

P

		perbandingan	비교
		percakapan	회화
pacar	애인	perempuan	여자, 여성
pagi	아침	pergi	가다
paha	허벅지	perkenalan	소개
pahit	쓰다	perkenalkan	소개할게요, 소개하겠습니다
pakaian	의류, 옷		[찾기] memperkenalkan
paling	가장	perlahan	느리다, 서두르지 않는다
paman	백부, 숙부, 삼촌, 외삼촌	permen	사탕
panas	덥다, 뜨겁다	pernah	한 적이 있다
panggil	[찾기] memanggil	perpustakaan	도서관
panggilan	호칭	pertukaran	교환
panjang	길다, 길이	perut	배, 복, 속, 소화
pantai	바닷가, 해변	pesawat	기기, 비행기
pantat	엉덩이	pesawat terbang	비행기
papan tulis	칠판	pinggang	허리
partner bisnis	거래처, 동업자	pintu	문
pasang	켤레, 쌍 (수량사)	piring	접시
pasar	시장	pisang	바나나
pasien	환자	polisi	경찰

Portugal	포르투갈	ribu	천
posisi	위치, 직위	ribut	시끄럽다, 소란스럽다
potong	조각, 점 (수량사)	rijsttafel	현대 인도네시아 식탁 차림
prakarya	공작, 수작업 작품	ringan	가볍다
prakiraan	예상, 예측, 예보	rok	치마
prakiraan cuaca	일기예보, 기상예보	rok mini	미니스커트
Prancis	프랑스	romantis	낭만적이다
prangko	우표	rompi	조끼
pria	신사, 남자	roti	빵
program studi	학과	ruang	실, 방
provinsi	주(州), 도(道)	ruang keluarga	거실
PT	주식회사	ruang kerja	서재
pucuk	통, 정 (수량사)	ruang makan	식당
pulang	(집, 숙소에) 돌아가다, 들어오다, 귀가하다	ruang tamu	응접실
		rumah	집
pulang kantor	퇴근하다	rumah makan	식당
puluh	십	rumah sakit	병원
pundak	어깨	rupiah	루피아(인도네시아 화폐)
punggung	등		
punya	가지고 있다, 소유하다		
pura	(발리의) 힌두교 사원	**S**	
pusat perbelanjaan	백화점, 쇼핑센터		
pusing	어지럽다	S-1	학사
putih	하얀색	S-2	석사
		S-3	박사
		sabar	인내심 있다, 침착한
		Sabtu	토요일
R		sahabat	벗, 친구
		saja	단지, 오로지, 오직, ~하는 게 낫다
Rabu	수요일		
radio	라디오	sakit	아프다
rahang	턱	sakit gigi	이가 아프다
rajin	부지런하다, 열심히 하다	sakit kepala	머리가 아프다
rak	선반, 꽂이	sakit perut	배가 아프다
rak buku	책꽂이, 책장	salah	틀리다, 잘못하다
ramah	친절하다, 붙임성이 있다, 점잖다	salam	인사, 악수
		salat	이슬람교 기도, 기도 시간
rambut	머리카락	salju	눈(雪)
rambutan	람부탄	sama	똑같이, 같다
rapi	정리되다, 깔끔하다	sama-sama	(저도) 그렇다 (인사) (모두) 동일하게, 똑같이
rasa	맛		
ratus	백		
rekan	동료	sampah	쓰레기
rendah	낮다	sampai	도착하다, ~까지 (전치사)
repot	복잡하다, 바쁘다, 번거롭다	sampai jumpa lagi	또 만나요
restoran	식당, 레스토랑, 음식점	samping	곁, 옆

samudra	대양	seminar	세미나
sana	저기	sempit	좁다
sandal	샌들	semuanya	다, 다들, 여러분
sangat	아주	senang	기쁘다
sapi	소	sendiri	스스로, 혼자서
sarapan	아침을 먹다, 조식	Senin	월요일
sarung tangan	장갑	sentimeter	센티미터(cm)
satai	꼬치	seorang	한 명의 (부정관사)
satai ayam	닭꼬치	sepak bola	축구
satpam	경비원	sepat	떫다
satuan	단위	sepatu	신발, 구두, 운동화
saudara	형제, 친척	sepatu olahraga	운동화
saudara-saudara	여러분 (남, 여)	sepeda	자전거
saya	저, 나 (1인칭)	sepeda motor	오토바이
SD	초등학교	seperempat	4분의 1
se~	하나의 ~	sepertinya	그런 것 같다
sebagai	~로서	September	9월
sebelah	옆	sepupu	사촌 언니
sebelum	~보다 먼저, ~하기 전	sering	자주
sebenarnya	사실은, 도대체, 실제로	serta	그리고, 또한
sebentar	잠시, 잠깐	sesudah	~다음, ~한 후
sebentar lagi	좀 있으면	setelah	~다음, ~한 후
seberang	건너편	setengah	반(半)
sebuah	하나의 (부정관사)	setiap	~마다, 매~
sedang	~고 있다, ~하는 중	siang	점심, 낮
sedih	슬프다	siapa	누구
sedikit	적다	siapa saja	누구누구, 누구든, 아무나
seekor	한 마리의 (부정관사)	sifat	성격
sejuk	시원하다, 서늘하다, 신선하다	siku	팔꿈치
sekali	아주	silakan	그렇게 하세요, 그러세요.
sekalian	모두, 전체	singa	사자
sekantor	같은 회사	Singapura	싱가포르
sekarang	지금, 현재	singgah	들르다, 경유하다
sekelas	같은 반	singlet	러닝셔츠
sekitar	주변, 대략, 대충, 약, 한	sini	여기
sekolah	학교	situ	거기
selalu	늘	skuter	스쿠터
selamat	안녕하다, 안전하다	SMA	고등학교
selamat jalan	안녕히 가세요	SMP	중학교
selamat tinggal	안녕히 계세요	sofa	소파
Selasa	화요일	sopir	운전수, 기사
selesai	끝나다	sore	오후, 해 질 녘
semalam	어젯밤	sosis	소시지
semangka	수박	Spanyol	스페인
sementara	한편, 잠시, 일시적	spidol	보드마카, 칠판펜

srikaya	스리까야
stasiun	기차역
stroberi	딸기
suami	남편
subuh	새벽, 이슬람교 첫 번째 기도 시간
sudah	이미, 벌써, 다 ~했다, ~해 왔다 (현재완료)
suhu	온도, 기온
suhu udara	기온
suka	좋아하다
suku bangsa	민족, 부족
sulung	맏이의, 첫째의
sumbang	듣기 싫다
sungai	강, 하천
sup	국, 스프, 탕
supermarket	슈퍼마켓
susah	어렵다
suster	간호사, 수녀, 보모
susunan	정렬, 배열, 짜임새, 구성
syal	숄
syukurlah	다행이다

tadi	아까
tahu	알다
tahun	살, 년(年)
tahun depan	내년
tahun ini	올해
tahun lalu	작년
Taiwan	대만
taksi	택시
takut	무섭다, 겁먹다
taman	정원, 공원, 마당
Taman Mini Indonesia Indah	인도네시아 민속촌
tampan	잘생겼다
tanah	땅
tangan	팔, 손
tangga	계단
tanggal	날짜, ~일
tangkai	송이
tapi	[찾기] tetapi

tarif	비용, 요금
tas	가방
tata bahasa	문법
tawar	무맛이다, 아무 맛도 안 나다
teh	차
telepon	전화
televisi	텔레비전(=TV)
telinga	귀
telur	달걀, 알
teman	친구
tembok	벽
tempat	공간, 곳, 장소
tempat pensil	연필통
tempat sampah	쓰레기통
tempat umum	공공장소
tenang	조용하다, 침착하다
tengah	중앙, 가운데
tepat	정확하다, 명중하다, 바르다, 정각
tepi	가장자리
terang	밝다
terantuk (batu)	(돌에) 부딪히다, 걸리다
terbang	날다
tergesa-gesa	급하다, 서두르다
terima	받다
terima kasih	고맙다, 감사하다
teriris (pisau)	(칼에) 베이다
terjadi	발생하다, 일어나다
terjatuh	넘어지다, 떨어지다
terkilir	삐다, 접질리다
terlalu	너무
terlambat	지각하다, 늦다
terluka	상처가 나다, 다치다
terminal	버스 터미널
termos	보온 병
tersenyum	미소를 짓다
terusan	원피스
tetapi	그러나, 하지만
Thailand	태국
tiba	도착하다
tidak	~지 않다, 안 ~하다 (부정사)
tidak apa-apa	괜찮다, 아무 것도 아니다
tidak enak	맛없다, 불편하다
tidak pernah	~한 적 없다
tidur	자다

기초 단어

tiket	표, 티켓
tikus	쥐
Timor Leste	동티모르
timur	동녘
tinggal	살다, 거주하다
tinggi	키가 크다, 높다, 높이
tingkat atas	고급
tingkat dasar	초급
tingkat menengah	중급
Tiongkok	중국
TK	유치원
toilet	화장실
toko	가게
tomat	토마토
topi	모자
triliun	조(兆), 십억(=biliun)
tua	나이 들다, 늙다, 오래되다, 낡다, 진하다
tubuh	몸, 신체
tumit	발뒤꿈치
tunggu	기다리다
turun	내려가다, 내려오다, 내리다
tutup	문닫다, 닫히다, 휴업하다
TV	텔레비전(=televisi)

U

uang	돈
udara	공기
ular	뱀
umpan	미끼, 먹이, 밥
umum	대중, 공중의, 일반적
umur	나이
ungkapan	표현
ungu	보라색
unit	대 (수량사)
universitas	대학교
untuk	~을 위해
urutan	차례, 서수
usia	연세

V

Vietnam	베트남
volume	내용물

W

wafat	(왕이나 위대한 인물이) 별세하다, 서거하다
wah	와!, 우와! (감탄사)
waktu	시간, ~할 때
wanita	숙녀, 여자
warna	색, 색깔
warung	가게, 매점, 포장마차
wihara	불교 사찰, 절
won	원 (한국의 화폐)
wortel	당근

Y

ya	네, 예, 그래
Ya, ampun!	세상에나!, 어머나! (감탄사)
yaitu	즉
yuk	~하자 (청유 감탄사)
yakin	확실하다, 틀림없다
yang	(선행 명사를 수식하는 역할을 하는 접속사)

Z

zuhur	정오, 이슬람교 두 번째 기도 시간